U0840000

# 行以致远

## 文化一致　才是拓邦

◎ 陶泽政 主编

自成长, 自进化, 打造生态拓邦

全方位解析拓邦管理哲学及管理特质

**图书在版编目（CIP）数据**

行以致远：文化一致 才是拓邦 / 陶泽政主编. —广州：广东经济出版社，2020. 7
ISBN 978 - 7 - 5454 - 7268 - 4

Ⅰ. ①行… Ⅱ. ①陶… Ⅲ. ①高技术企业 - 企业管理 - 研究 - 深圳 Ⅳ. ①F279. 244. 4

中国版本图书馆 CIP 数据核字(2020)第 108934 号

责任编辑：郑秋瑛
责任技编：陆俊帆

**行以致远：文化一致 才是拓邦**
XINGYIZHIYUAN：WENHUA YIZHI CAISHI TUOBANG

| | |
|---|---|
| 出版人 | 李 鹏 |
| 出 版<br>发 行 | 广东经济出版社（广州市环市东路水荫路 11 号 11 ~ 12 楼） |
| 经 销 | 全国新华书店 |
| 印 刷 | 广州市人杰彩印厂<br>（广州市天河区广汕一路 708 号 B 栋 101 房） |
| 开 本 | 880 毫米 × 1230 毫米 1/32 |
| 印 张 | 5.75 2 插页 |
| 字 数 | 125 千字 |
| 版 次 | 2020 年 7 月第 1 版 |
| 印 次 | 2020 年 7 月第 1 次 |
| 书 号 | ISBN 978 - 7 - 5454 - 7268 - 4 |
| 定 价 | 39. 00 元 |

图书营销中心地址：广州市环市东路水荫路 11 号 11 楼
电话：（020）87393830 邮政编码：510075
如发现印装质量问题，影响阅读，请与本社联系
广东经济出版社常年法律顾问：胡志海律师

以最真实的情感活出现实中的样子，那就是自己。企业也一样。

武永强

2019.12.31.

拓邦 · 深圳
TOPBAND 拓邦

拓邦 · 惠州

拓邦 · 重庆

拓邦·印度

拓邦·越南

拓邦·宁波

拓邦·杭州

# 编委会成员

# 推　荐　语

这几天粗阅了《行以致远——文化一致 才是拓邦》一书，特别高兴。拓邦公司在领导艺术、经营之道、企业文化、管理理念诸多方面形成了整套思路。这本书应该成为每一个拓邦成员学习的教科书，亦可作为企业家间互相学习交流的材料。这里提几点不成熟的想法仅供参考：

1. 开拓创新是企业竞争立于不败之地的根基，一定要把创新驱动作为头等大事来抓。

2. 企业要形成自己的“特色”，无论是产品结构、企业文化，还是管理理念，有特色才会形成“高峰”。

3. 企业文化是企业的灵魂，要大力弘扬，使其不断深化，成为每个员工的共同理念和行动准则。

4. 要注意两支队伍建设，一支是管理队伍，另一支是技术队伍；广招英才，让年轻英才开展一些基础性、前沿性、创新性研发。

5. 注意和高等学校、科研院所结合创建一些共同研发机构，在高校设立奖教、奖学金，扩大企业影响力。

——原哈尔滨工业大学副校长、哈尔滨工业大学(威海)首任校长　强文义

TTI（创科实业有限公司）与拓邦的结缘来自于一通电话。当时的业务谢林峰从TTI的总机电话开始，一个号码一个号码地尝试，据说打了一个星期的电话才打到了集团采购。后来我和张总（勇）、马总（伟）打趣的时候还常常拿这个事出来说。

张总告诉我，拓邦一直想和TTI达成合作，但是苦于无联系渠道。他就告诉所有的业务，谁能拿下TTI，这个account（客户）就交给谁。大家都到处找人介绍，只有小谢自己一个人默默地开始打电话。正巧当时TTI由于生意的增长对PCBA（智能控制器）需求快速增加，从而需要增加供应商BASE（储备），拓邦就进入到我们的shortlist（候选名单）中。

在拓邦刚刚进入TTI的AVL list（合格供应商清单）那段时间，半夜二三点收到拓邦同事跟进各种问题的邮件是常态。最后拓邦以良好的工厂/项目管理以及过硬的品质体系成为了TTI重要的策略供应商伙伴，一直到现在。

最近张总找到我，要我为这本拓邦的管理文化书籍写几句话。拜读完这本《行以致远——文化一致 才是拓邦》后，当时的景象马上又浮现在我的脑海。我所认识的拓邦人从上到下都是实践者，真正的一步一个脚印地做好每一件事。我在拓邦看到的都是扎扎实实做事、仔仔细细实践的人。公司文化已经深入到每个同事之中。对照书中的内容，我完全理解拓邦的成功绝不是侥幸的。这是一本值得细看的书，有着每个拓邦人的影子在里面。

——TTI VP（副总裁）郑元辅

聚优秀人才，开发领先技术，赋能产品，创造用户增值！拓邦—客户，智能生态共赢！

——GE Appliances（美国通用家电）

中国区嵌入家电总经理

宝时得集团与拓邦合作两年多时间以来，整体合作十分顺畅。宝时得自身一直致力于持续创新，秉承“智造未来，创见未来”的理念，与拓邦的“用智能控制技术为客户提供价值，使人人受益”的理念不谋而合。同是风雨兼程走过20多年的公司，文化内核是坚实的支撑。我们欣赏拓邦对客户的责任素养，快速响应和本地化的优质服务让我们加深了对拓邦的信任。希望在未来征途中，双方继续携手共进，合作共赢。

——宝时得科技（中国）有限公司　执行总裁　周忠泽

作为B2B的公司，拓邦更多地强调技术创新和客户服务，通过技术实现体现自身价值，同时成就客户，并成就自己，与客户共发展！

——方太集团宁波方太厨具有限公司

电气开发部长

在电磁灶研发和供货工程中，拓邦的技术和销售团队体现出高度职业化，得到方太团队的一致认可，具体表现为：

1. 专业技术能力强，人员分工明确，团队响应速度快，做事有条理。

2. 深度理解客户需求，快速提供优质解决方案。

3. 产品质量优异。生产管控非常正规，质量一致性非常高；并能主动改善，提升品质。

拓邦是成就客户的好伙伴！

——方太集团宁波方太厨具有限公司

灶具部 技术总监 郑[illegible]

# 关于本书

深圳拓邦股份有限公司（以下简称“拓邦公司”）作为国内领先的智能控制方案提供商，是行业里的“隐形冠军”，自1996年成立以来，不断创造出行业里的多个第一。如今，拓邦公司已与全球家电、电动工具百强中2/3以上的企业实现亲密合作，并且在5G、万物互联、智能化的浪潮中，持续布局新兴、前沿技术，与众多行业上下游的伙伴一起共建生态，拥抱变革和机遇。其经营管理理念既结合了企业自身的实际情况，又做到了与时代俱进，有很多自己的思考和探索，从而形成了一套独特的管理文化体系。

《行以致远——文化一致 才是拓邦》一书介绍了拓邦公司的发展历程，精心提炼了公司在长期管理实践中践行企业核心价值观的做法和用人管理的思想精华，其中既有拓邦公司创始人武永强先生对于企业本质、使命愿景、组织发展、人文生态等层面的理解，也有来自拓邦公司中高层和团队管理者以及一线员工的实践经验总结。全书以公司核心价值观为基点，研究、梳理了拓邦公司的管理理念、管理经验以及管理文化的特质。

相信无论您是正希望深入了解拓邦公司的朋友、已加入拓邦公司的有志之士，还是在企业发展道路上上下求索的同道者，本书都能以丰富真实的故事、独特深入的见解让您真正走近拓邦公司，启发您思考，促进您与拓邦公司交流，并与拓邦公司产生共鸣。

# 序

大凡一本书，从完整的角度来看，都是需要一个序或者前言什么的，说明一下书的缘起，讲讲这本书想要说点什么，可以带给读者什么，能解决什么问题，等等。《行以致远——文化一致 才是拓邦》完稿之后，当编者掩卷提笔，回忆编写这本书的初心，准备也写一写这个序的时候，却发现几易其稿都不太满足自己的心意，总觉得欠点什么，写着写着就有种火候不够的感觉而作罢。

直到今天凌晨两点醒来，看到朋友圈中一位拓邦公司同事发的公众号文章，编者的灵感才瞬间被点燃，原来自己想了几天几夜想要的序，约莫就是这样的文字了。写下这些文字的是一个叫冯钰的95后小姑娘，她是拓邦公司人力资源中心的一名HRBP（人力资源业务合作伙伴）。在征得其本人同意后，编者摘选了部分文字分享给大家——

酒尽人散时，回到拓邦园区，灯光点点的园区很安静，年会的喧嚣与热闹，渐渐在身后沉寂，也许今晚注定是想要诉说的一晚。

重新打开这个公众号，最后的文章停留在2017年3月，正是我毕业的那一年，三年时间，自己发生了很多变化。每一段经历，遇到的每一个人，待过的每一个团队，都会给自己带来很多触动和成长。

即使是记忆力不好的我，对于情绪和感受，总还是能够很好地捕捉和保留。当回想自己在拓邦转瞬即逝的两年时光，是一群人，一些画面，和无数的心情感悟。

一直很感激当时面试并最后成为我的导师的Yuki姐，接到Yuki姐电话邀约的时候，我正和前公司的两个同事在KTV放飞自我。加入拓邦之前的过程也有些波折，从不情愿面试，到面试后改观，再到入职期待，Yuki姐就是有这种吸引人的神奇能力。

在2019年刚做电控事业部BP（业务伙伴）不久后的一个夜晚，聊起当初面试的情景。我说，面试时候的感受很好，尤其是你最后回答我的两个问题，让我决定加入拓邦。

她说，见到你之后我心里就已经定了：这个女孩子我很喜欢，很像自己刚参加工作时的样子，我要把她放在电控事业部。

虽然是久违的互相表白，却也是一种注定的机缘，让我与拓邦结下不解之缘。

进入拓邦后一开始负责后端岗位的招聘工作，第一天下午PE（产品工艺工程师）覃工带我进入到产线，自己一个人在产线转悠了一下午，看一看，问一问，聊一聊，仿佛发现新大陆一般，打开自己过去狭窄的世界。那时对QE（产品品质工程师）、PE是什么、做什么都不甚了解，但是产线上的每一个人都很热情，跟我介绍什么是插件、什么是葡萄考核法，诸如此类。温暖，是第一天进入拓邦的感受。

第一个月招了一个QE和SQE（供应商管理工程师），招的人不多，印象却很深刻。因为刚开始接触PCBA行业，什么都不懂，简历推送的精准度也很低，直到推送第三批简历才勉强找到感觉。SQE的招聘费尽周折，在候选人与部门之间协调争取，就像一个牵线红娘，两头撮合，直至缘来缘定。很久之后的中午，和品质经理午饭巧遇，他说，谢谢你帮我招到这个人，他很不错，帮我们解决了很多专业的问题。那一刻，我感受到作为招聘的价值和成就感。

后来慢慢从后端转向前端岗位，从招聘部门去到事业部做HRBP，在与不同部门领导的沟通磨合之间，也渐渐有了不同的感受。

我会记得，在一次转正访谈之后，向研发李工反馈一位候选人的不稳定，他却从工程师的家庭、生活的角度出发，为工程师着想。对于一向以行和不行作为衡量标准的我来说，无疑是一次很大的冲击。他所看到的，不仅是一个工程师，还有他背后的家庭，他的家人，他的孩子，他所承担的生活的压力和责任。这便是行与不行之外的另一个衡量指标——人性。

我也会记得，帮销售许工招人的时候，总是招不到合适的人选，好不容易招聘进来的人，他在某一天给予反馈：目前来说感觉不是很合适。却也常常会在后面加上一句话：但我会给时间的。这不也是他对我的一种包容和引导吗？即使一开始不能胜任，但是时间会带来改变，坚持做下去，就会有成长和变化。于是，时间，成为又一个衡量指标。

许工有一次晚上和我谈心时问我：你每个阶段想要的是什么？每个阶段的成长是什么？在那一瞬间，我竟然无法回答。用简历推送精准、面试能力提升去回答似乎有些肤浅和敷衍，其实每个阶段的成长不仅仅是技能，更多是心灵上的成长，逐渐清晰自己的三观，明白自己的价值追求。

温暖、人性、时间、成长，这是拓邦的企业文化中人性化的体现，也是自己在拓邦的感受。

……

看到这些文字，编者终于知道自己当初为什么要编写这样一本书了。因为在拓邦公司，有太多这样的故事，这样的感受，这样的情感。不为别的，只为内心一直流动的那些感动，那些情怀，想要记录下这些，想要带你认识这些。

拓邦公司很炫酷，拓邦公司也特别务实。拓邦公司有高科技的控制器，也有雅致的庭院和小桥流水；有会卖萌、会各种脑洞的程序员，也有会修理各类电器的女神。

拓邦公司的人很拼，也很会玩。他们可以为了赶项目连续几夜熬通宵，为了快速解决客户问题蹲在地上吃盒饭，也可以放下电路板拿起吉他玩自己的乐队。拓邦公司的产品走进了全球各地的千万家庭，拓邦公司员工自己组织的登山协会也登上了大大小小的各个山顶。

拓邦公司的管理和文化凝聚了成千上万的人在一起奋斗过，并一直在奋斗着。拓邦公司的管理和文化可能并不完美，但它从未停止过自我进化。

我们想带你认识的，就是这样一群人，一群真实的、可爱的人。

是为序。

2020 年元月 7 日

# 目录
CONTENTS

## 第三篇 文化即业务



## 第四篇 展望：自组织、自成长，文化也是进化的

第一篇

# 回眸历史 探寻管理文化

“咬定青山不放松，立根原在破岩中。千磨万击还坚韧，任尔东西南北风。”

——郑燮《竹石》

20 世纪 90 年代，“VUCA”时代的说法开始被广泛使用。“VUCA”源自军事领域，V、U、C、A 四个字母分别是 Volatility、Uncertainty、Complexity 和 Ambiguity 四个英文单词的缩写，也就是易变、不确定、复杂和模糊。的确，我们的时代知识高度膨胀，创新加速迭代，而人和企业或许也正处在疑惑之际：如何持续创造价值？如何不断自我更新？如何变得更为强大，成就世界品牌？

在这个过程中，对于顾客价值、对于管理、对于盈利、对于文化，我们的思考和理解是什么？一直坚持的是什么？有哪些困惑？有哪些创新和实践？

今天，我们想讲述的故事，就是尝试将拓邦公司对这些问题的回答进行汇总和提炼，这也是拓邦人在这个时代所践行的承诺和价值信仰。

# 从永强电子到拓邦股份

将时间的卷轴拉回到20世纪90年代的深圳。作为改革开放的前沿阵地，爆发性的市场需求和逐渐破茧的制度改革鼓舞了众多敢想敢干的奋斗者们，深圳成为了很多企业创业、创新和成长的沃土。

一位哈尔滨工业大学自动控制专业的硕士毕业生被派往学校在深圳的办事窗口——深圳太阳岛公司担任工程师，主要学习深圳改革开放的经验，并接洽一些校企合作项目。当时的深圳，已经是众多年轻人创业的热土，很多日后的世界五百强企业都纷纷扎根深圳，野蛮生长。而在这位工程师的心中，似乎也一直在寻找这样的机会。来到深圳后不久，他就筹款承包了一家由哈工大校友创办但经营日益艰难的电脑贸易公司，在深圳罗湖国贸大厦，开始了他的创业之路。

## 一次尝试，开创了一个行业

在电脑贸易公司经营期间，一次偶然的机会，这位工程师到广东台山为一家做空调整机的客户送电脑。广东人有饮早茶的习惯，第二天早上饮早茶时，两人饶有兴致地聊起了各自的业务。

闲谈中，他发现，虽然国内已经有不少空调自主品牌，但核心的控制器却大多是进口的，进口核心部件的确设计精良、品质优异，但除了价格昂贵，成本居高不下外，更让正在开拓国内市场的空调厂商们头疼的是：智能控制器是高度定制化的产品，它需要根据整机产品功能进行定制化开发，而因为对中国市场、中国产品不了解，进口控制器往往在方案定制、测试上耗费大量时间。可市场的变化越来越快，交付慢、响应慢，都可能让品牌厂商们错失产品上市先机。而对普通消费者来说，空调更是价格昂贵的“奢侈品”。

这个不到 30 岁的工程师从中发现了机会：如果能独立自主开发出中国本土的空调智能控制器，那在响应速度、定制化程度、成本上都能让国有品牌得到大大优化。他立刻组织志同道合的工程师们将空调控制器仔细研究了一番。

太好了！他兴奋地发现，从原理上而言，国内团队完全有能力独立开发空调控制器！一个初创团队就这样诞生了！他们对市面上几乎所有的空调控制器都做了详细的技术分析，且跑遍大大小小的空调厂商，聆听、理解需求，并将这些需求转化为可行的技术方案。

终于，国内第一款空调智能控制器在这个年轻的团队手里诞生了，也是从这时开始，这位工程师和他的团队开启了我国家电智能控制器作为独立行业自主创新的时代。**这位工程师，就是拓邦公司的创始人武永强先生。**

## 从永强电子到拓邦股份

1993 年的一天，武永强正在南山科技园创业中心为一件事情（为即将注册成立的新公司起名）而发愁。他为新公司起了很多名字，结果发现跟别的公司名称重复，不能使用。正在犯难之际，创业中心的主任建议公司名称就叫“永强”。武永强开玩笑地说这个名字太“个体户”了。对方说挺好的，永强永强，永远强大。于是，永强电子诞生了！

这是一家挂靠于南山科技园的集体所有制企业。永强电子成立之初的业务主要是从事空调控制器的开发和销售，客户主要为国内的空调自主品牌，如春兰、东宝等早期空调制造厂商。由于技术领先，各大空调厂商纷纷找到我们，那时可以说是订单爆满，经营业绩一路高歌猛进。

然而，市场的变化猝不及防。1993 年，国家陆续出台一系列宏观经济调控措施，实行“经济硬着陆”，包括要求各大银行限期收回计划外贷款和拆借资金，仅仅一个月，我们就被打入严冬——我们最主要的客户群体，国内的空调厂几乎没有一家好过，资金链断裂，哀鸿遍野，整个行业进入了一个“三角债”的局势，公司的业务迅速萎缩，年销售额锐减。1993 年，作为一家只有十几个人的小公司，客户欠我们的货款高达2000多万元，我们不仅收不回自己的货款，还欠了很多供应商的货款。整整一年多，公司都处在这样的困境中，焦头烂额，苦苦挣扎。那个时候，军心涣散是公司创始人心中最深刻的感受，很多人丧失信心，核心骨干纷纷离开，公司似乎没有任何希望了。

然而，转机就发生在这样几近绝望的境地中。那时微波炉刚刚进入中国，初步了解过后，我们感到，我们的转机来了。我们和一家芯片代理商一拍即合，决定一起开拓这个新市场，他们负责提供微波炉控制器的芯片、方案开发和检测服务，我们来生产。

开荒的过程举步维艰，我们一家一家客户反复拜访，跑遍了当时市场上几乎所有的微波炉厂商：格兰仕、万家乐、万和、康宝、安宝路……当时一起跑客户的合作代理商蔡经理时常跟武永强开玩笑："看，这就是中国民企老板的形象，能说方案、能喝酒、能推销、能吹牛……什么都能！"

虽然打开局面困难重重，但慢慢地，客户从不接受我们转变为接受我们；我们不断进行技术投入，壮大自己的研发队伍，客户逐渐选择以我们为主体提供全套方案；后来，国内微波炉厂商几乎都采用了我们的方案。新战场的开辟让我们活了下来，并且活得更好：我们逐步打开了家电产品控制器的市场，又陆续开拓了电磁炉、热水器、洗衣机等产品领域，公司规模不断扩大。当年和我们一起做空调控制器的许多同行都没能挺过那场寒冬，而我们挺过来了，公司在困境中走出了一条新路，真正地开始把控制器作为一个产业来做。正如武永强所说：“一个伟大企业的成长必然经历危机，也必然于危机中实现新生，更加强大。”

企业因需求而生，看清了市场上真实存在的需求后，我们就应该坚定信念，坚持自己的方向不动摇。

当年在危机中实现新生的经历让我们认清了一件非常重要的事，那就是我们的核心是做控制器，并非为空调或某一种产品而生。我们可以做空调的控制器，也可以做微波炉、热水器、风扇、电磁炉等等的控制器，这都是市场的真实需求，我们要做的就是用自己的核心能力去满足市场的需求。

看清形势后，我们知道什么该做什么不该做，然后无论环境如何艰难，都咬牙挺过去。团队的领导者更是坚定信心，冲在前面，以身作则，给团队树立榜样。当年我们认准微波炉市场后，即使很多人劝我们不要瞎折腾或是趁早转行，我们都没有动摇。在资金紧张的情况下，我们仍然坚持在市场开发和技术实力上投入，招揽大批研发人员。我们现在的很多核心人员就是那时加入公司的，如今，他们都已成为公司发展的中流砥柱。

**因此，冬天并不可怕，危机之中也蕴藏着机会。谁能更清醒、更坚定、更有韧劲、更有定力，抓住那个机会，谁就能更好地生存下去。**

“立百年基业唯开拓，树世界品牌而兴邦”。怀揣这一初心，1996 年，随着民营企业开办政策的开放，拓邦公司在素有中国科技“硅谷”之称的深圳高新技术产业园内正式成立。很快，国内首款微波炉智能控制器、电磁炉智能控制器等等相继被这个年轻的企业成功研发出来，实现了国产化，拓邦公司也见证了千千万万个中国家庭用得上、用得起这些当时的“新潮”电器的过程。

24 年来，拓邦公司步履不停，快速发展，中国的家电市场也在迅速崛起，在许多家电龙头崛起的道路上，都能看到拓邦公司作为亲密合作伙伴的足迹。比如第一台国产化空调控制器、第一台国产化微波炉控制器、第一台国产化电磁炉控制器、第一台国产化嵌入式微电脑控制烤箱控制器、第一台国产化水槽式洗碗机控制器、第一台国产化滚筒洗衣机控制器、第一台国产化智能马桶控制器……拓邦公司与国内外高端家电领导者长达 10 年的亲密合作，成就了彼此在高端家电这一细分领域的品牌影响力。

2015 年，知名财经作家吴晓波的文章《为何要去日本买只马桶盖回来》引发了热烈的讨论，也导致了国内卫浴行业的革新。很快，2016 年 G20 峰会期间，中国自主品牌的智能马桶就成为了各国领导人下榻宾馆的指定产品，并且与进口自日本、韩国、美国的近 20 款智能马桶在央视财经频道的《消费主张》栏目中进行了公开测评，结果显示，中国品牌的智能马桶在洗净能力、绝燃、防潮、停电冲水等功能上均优于进口品牌，能更好地适应中国的使用环境，而这些智能马桶的核心控制器就是拓邦公司研发和提供的。

这样的事例还有很多。如今，拓邦公司已与全球家电百强中2/3以上的企业实现亲密合作，并且在5G、万物互联、智能化的浪潮中，持续布局新兴、前沿技术，与众多行业上下游的伙伴一起共建生态，拥抱变革和机遇。

# 从直线制到事业部制

几乎所有的公司在成长过程中，在面临业务发展、人员扩展、管理幅度不断扩大、战略调整等等现实问题时，在思考如何更好地满足客户需求、实现客户价值时，原来的组织架构、组织管理都会成为公司进步的障碍。因此，在这一时期，公司领导层的诉求便是寻求组织架构和管理的调整。

拓邦公司也不例外。

组织架构和管理从根本上来说，就是公司内部人员的分工协作体系，它为客户价值和公司战略服务，随着公司内外部环境的变化而变化。很难想象，一个公司在没有任何组织架构和管理的调整下，能顺利应对业务和人员规模的极速膨胀或转型。就好像生物的进化一样，如果外界发生了巨变，它却还以原来的形态生存，那么它面临的，可能就是灭亡。

从某种程度上来说，拓邦公司的历史，也是组织架构和管理调整的历史，既有大步的动作，也有小步的微调。不管是大如事业部制的组织形态、直线管理、矩阵式管理的切换，还是小如业务线的分分合合，都是拓邦公司为适应内外部环境变化的适时之举，是拓邦公司为更好地实现客户价值的探索，也是拓邦公司长期管理提升的组成部分，都蕴藏着拓邦公司拥抱客户、拥抱变化、拥抱未来的态度与决心。

通常，一个公司的初创时期，也是这个公司的英雄时代。因为在这个时期，公司团队几乎就等于几个创始人的团队。就如最早的永强电子，公司的几个创始人各管一摊，那个时候，所有人都是依靠着按客户的要求把产品做出来、让公司活下去的理念拧在一起，有事大家一起讨论、决策，然后简单分工，分头行动，不需要动员，也不需要什么制度管理，一切简单、灵活、有效。

到了 2003 年，公司的销售额达到 3 亿元左右，那时公司对单一的头部客户的依赖性比较强，产品也比较单一，当时的主打产品是微波炉和电磁炉控制器，原有产品的市场竞争也逐渐进入红海。这个时候公司如想快速扩张，就必须研发出新的产品类别，开发新的客户类型。

市场在蓬勃发展，需求不断地被快速提出。随着业务的不断开拓，公司的产品线越来越多，微波炉、电磁炉、空调、冰箱、洗衣机等等家电控制器产品线逐渐建立起来。这个时候就出现了资源不足的问题，大家天天“打架”，比如一个销售员开发了一个新客户，回来之后发现工程师没有时间开发更多新产品，谁的嗓门大，就给谁做，大家开始抢资源。生产线也一样，谁更“强势”，就给谁做。

美国南加州大学管理学教授 L. E. 格雷纳在《组织成长中的演变与变革》一书中曾提出：“组织在某一阶段的最佳管理实践将会带来另一阶段的管理危机。”组织是有生命的，是生命就会有消亡的一天，而消亡的前奏，就是衰老和疲劳。组织早期可能生机勃勃，但随着业务形态发生变化，过去的经验就不可能完全应对得了现在的挑战，即使原来生命力强盛的组织，也会有百病缠身的时候，不重塑则不可能继续向前。

就像老鹰一样，老鹰是世界上寿命最长的鸟类，其寿命可达 70 岁，但它们在 40 岁时需要面临一个重生的抉择。因为经历了前面 40 年，老鹰的爪子已经开始老化，喙又长又弯，羽毛又浓又厚，飞翔十分吃力。于是，它飞到山顶，在悬崖上筑巢，用喙击打岩石，直到完全脱落，然后静静地等待新喙长出。新喙长出后，它再用新喙将脚趾甲一片一片拔掉。新趾甲长出来后，它又把老羽毛一根一根拔掉。最终，在经过失血、感染、饥饿乃至死亡危险的 5 个月后，老鹰长出新的羽毛，蜕变重生，它重新搏击蓝天，又可以再过 30 年的美好时光。

16 年前的拓邦公司就面临着这样的抉择：是在混乱中消亡，还是在有序后的再次创业中重生？16 年前的拓邦人选择了重生，而这，从组织架构和管理的调整开始。

一种组织架构的选择，是行业、业务发展、战略、管理理念等等因素的综合结果。拓邦公司的高层清楚地知道一点，那就是：如果一直在争吵和抢资源的状态下走下去，肯定不能很好地满足客户需求。“以客户为中心”的理念，是拓邦公司从创业之初就一直坚持的。正是这种理念，正是如何更好地满足客户需求，一切围绕客户的需求运行的思考，让拓邦公司有了第一次大的组织架构和管理的调整。

在拓邦公司最开始的组织架构中，研发、销售、采购、品质、制造是各自独立的部门，这种组织架构在公司规模急剧扩张的情况下，部门之间沟通不畅、相互扯皮的现象逐渐凸显，从而给决策效率、订单交付、产品质量、客户服务等方面都带来了不良影响。

为了更好地满足客户需求，这个时候，我们自己给自己动手术，根据产品类别，分别成立大家电、小家电和微电三个事业部，另外，还成立了一个海外事业部，主要开拓海外市场。后来，海外事业部分别并入到了三个事业部中。这样的调整理念与改革开放初期将责任田划分到户的理念相近，目的就是让人、让组织更有活力。

从直线制到事业部制，共经历了三个阶段：首先是在 2003 年将研发和销售捆绑在一起分成三个事业部，采购、制造、品质等平台公用；紧接着，2005 年，微电事业部完全独立出来，成为一个完整的事业部，研发、销售、采购、品质、制造一条龙；再到

2007 年，伴随着公司的上市，大家电和小家电两个事业部也完全独立出来，公司的三大传统 PCBA 事业部初具雏形。

这次组织变革，使得公司响应和服务客户的速度、品质得到很大提升，产品线竞争力得到极大加强。这也体现在客户终端和体量上，微电的微波炉、电磁炉控制器产品，服务了国内前十大品牌里的八大品牌；大家电事业部攻克了滚筒洗衣机控制技术，引入了国内的超级大客户；小家电事业部也在咖啡机、搅拌机等家用电器上发力，引入了海外知名的客户。可以说在这种情况下，拓邦公司掀起了内部的二次创业高潮，到 2007 年上市之前，拓邦公司实现了从最早的单一的产品线到多产品线、多客户的积累，在行业里面已经小有名气。

组织变革带来的好处，不仅仅体现在业绩上，在管理效率、人员发展方面也同样带来了积极作用。在这次调整中，所有人好像都焕发了第二春，在公司都能找到更好的发展平台，都扎在各自的事业领域，实现公司和个人的共同发展。在这期间，公司的第一批职业经理人也逐步成长起来，如马伟、彭干泉、郑泗滨、戴惠娟、文朝晖等等。

其实，组织架构和管理的调整在拓邦公司一直没有停止过，一直在探索和前进。比如，实行事业部制后，随着业务的发展，慢慢地又出现了一些新的问题，如：各个事业部有了独立的发展权限后，如何在细分领域进行协调？各业务相互交叉的问题如何解决？

在存在业务交叉的情况下，各个事业部之间是否会产生新的内耗等等。带着对这些问题的思考，拓邦公司的组织架构和管理也在适时地作出调整，比如，产品线运营机制、矩阵式的组织架构、加强集团职能平台建设等等。

对组织结构和管理的调整，从侧面体现了拓邦公司对行业未来发展的思考，对内外部环境变化的积极响应。组织架构和管理会变，唯一不变的是：对变化的拥抱！对快速响应和满足客户需求的拥抱！

# 上市敲钟，拥抱资本市场

2007 年 6 月 29 日，“拓邦电子”股票在深圳证券交易所公开发行，股票代码：002139。这是公司发展历程上的一件大事，拓邦公司从此成为了一家上市公司，也是国内首家智能控制领域的上市公司。

上市意味着企业治理的规范性和可持续发展。一个公司作为独立法人在社会上存在，它需要对包括客户、供应商、员工、股东及政府在内的利益相关方负责，不能违法，必须规范治理。比如：财务体系、审计体系、内控体系等都要健全和规范。另一方面，上市也会助力企业的可持续发展，使企业不断巩固其行业地位，并成为判断产业发展前景的风向标。上市之后能不能为股东创造价值，为社会创造价值也成为公司的使命之一。

资本市场瞬息万变。2007 年，公司成功上市；2008 年，金融危机爆发，公司的业绩差点变脸，母公司的经营利润为负数，所幸当时的汽车电子子公司贡献了上亿元的销售收入及较好的利润；2012 年，金融危机再次爆发，资金流动性收紧；2015 年百年不遇的“股灾”和2016年史上最短命的“熔断”机制，让股市里的每一个投资人“永生难忘，刻骨铭心”，也让资本市场的主角——上市公司经历了一次次的洗礼，监管层和上市公司都纷纷进行“救市”工作，增发审批暂停了，股价也一路下行到了近两年的低位；2018年，在金融去杠杆、中美贸易战的大背景下，公司资金方面出现严重的流动性危机，这让众多企业的发展举步维艰。

尽管资本市场波澜起伏，公司依然很好地运用上市公司这个融资平台，在不同发展时期，结合公司的战略发展计划，寻找合适的时点和融资方式进行融资，满足日常运转、内生式增长、外延式并购以及工业园建设等的大量资金需要。从2015—2019年，拓邦公司进行了两次定向增发，一次公开发行可转债，三次股权激励，通过不同渠道融资和自有资金，完成了惠州、重庆、宁波、印度等工业园的建设，实现了公司全球化的布局。通过对研控科技、合信达、欧瑞博等公司的并购和股权投资，实现了业务领域的拓展和延伸。

同时，这个平台也是公司对员工进行中长期激励的有效工具。通过实施股权激励，员工对公司的认同感和主人翁意识更强了，工作和生活条件得到了改善，后顾之忧也少了，大家均能全身心地投入到工作中去。作为一种中长期的激励工具，未来我们将继续运用好这一平台，激发员工的内驱力，打造命运共同体，为公司创造价值，实现公司和员工的共同发展。

当前中国的资本市场还处在逐步完善的过程中，影响二级市场股价的因素较多，我们要理性地看待股价的波动。从长期来看，股价还是会体现公司价值的，因此提升公司业绩才是“王道”。

# 从同心多元化到一体两翼

在公司董事长武永强看来，一个企业存在于社会，应该是有价值的，应该往外输出价值，而不能做只从社会上攫取资源的蛀虫。作为一家上市公司，上市之后，公司面临的最大压力就是增长，公司业绩应该不断上涨，以更好地回报员工、股东和社会。

同时，在公司上市之后，我们也面临着诸多问题，比如，2007年前后，公司过度依赖某些客户，个别头部客户的销售额比重占公司总销售额的40%；那时我们也缺乏知识产权保护意识，我们的源代码都给了客户，结果客户自己投资建厂做控制器，我们变得很被动。

在整个公司强调业务增长，以及部分大客户收回智能控制器业务的背景下，我们也在想：我们已经上市了，也有点钱了，在技术上和口碑上也有了一定的沉淀，能不能去做一些属于自己的品牌？所以我们进入了一个战略探索期，尝试了一些成品事业部，包括安防、LED、移动电源、DTV、新能源等等这些事业部；在已有的成熟事业部内部也尝试做一些成品产品线的探索，比如平板电脑、导航仪等等。

拓邦公司是一个非常强调内生式增长的企业，公司不设定天花板，你的天花板由你自己说了算，这是一种内部创业机制，只要你有好的商业计划，公司都可以给予资源支持。这就形成了当时的发展战略——同心多元化。同心是指以智能控制器为核心，多元化是指做很多自己的成品品牌，以助力公司整体业绩的腾飞。

到了 2012 年，金融危机再次席卷全球，我们也同样面临着财务危机。由于在过去的 5 年里，我们的业绩增长速度并没有想象中那么快，成品事业部的业务也并不乐观，在整个经济下滑时期，业务分散也给我们带来了巨大的压力和挑战，因此在 2012—2014 年的 3 年时间里，公司的整体业绩增长放缓。在这个时候，我们开始了新的战略思考：到底是做智能控制器还是做成品？以 ODM（提供从研发、设计到生产、后期维护的全部服务）为主，还是以 OEM（定点生产，俗称代工）为主？是什么类型的客户都做，还是以大客户为主？聚焦家电领域还是转向电动工具等其他领域？往上游延伸还是往下游延伸？是不是业务太分散？是不是应该聚焦 PCBA？在这 3 年时间里，公司其实是没有一个特别清晰的方向的，公司在思考，事业部也在思考。

而在此时，电气事业部总经理彭干泉在外进修期间接触了很多优秀的老师，其中有一位是人大教授，也是中国本土最大的管理咨询集团——华夏基石的董事长彭剑锋。他也是《华为基本法》的起草者之一。彭干泉认识到，他们在管理上有很多好的方法，对于公司发展瓶颈的突破有独到的见解、经验总结和建议。于是公司人力资源中心组织公司中高层60多人，邀请彭教授进行了一次关于“如何突破公司成长瓶颈”的培训，并且在培训后组织公司高层和核心骨干20多人进行了拓邦公司未来如何突破成长瓶颈的落地研讨，研讨中智慧的碰撞为拓邦公司接下来的成长指出了一条当时看来似清晰又非清晰的路。

应该说，这次培训和研讨开启了拓邦公司另一个重要的成长周期！

在自我沉淀的基础上，通过与外部咨询公司合作的战略咨询项目，我们对战略方向重新进行了思考和定位。

**“智能+”，智能社会智能化方案的提供商！这是拓邦公司新的战略定位；2025年营收突破200亿元，成为智能化领域的世界级企业！这是拓邦公司新的战略目标。**

我们的核心业务是“智能+泛家电”，成长业务是“智能+电源”，未来业务是“智能+设备”“智能+工场”；关键业务策略是CAMP策略，即C——大客户与大量定制化策略，A——联盟与并购策略，M——模组化策略，P——技术与供应链平台策略；要构建的关键能力涉及：大客户营销能力、同步研发能力、柔性供应链管理能力、全球资源整合能力。

此次战略调整之后，我们开始大量引进外脑，走上管理变革之路，先后开展了如 IPD（集成研发管理）、ISC（集成供应链管理）、知识产权保护、商业秘密保护、品牌战略化、战略澄清、STE（从战略管控到执行）等项目的管理变革，在组织架构、流程设计、管理等各方面进一步提升公司的核心竞争力和运行效率。

通过这次战略咨询，最重要的输出是——聚焦！原来我们以为行业要到天花板了，但实际上“智能 +”有非常多的领域都需要智能控制技术。以前我们做空调、洗衣机、微波炉等家电的控制器，那个时候应该叫“控制器 +”。后来我们发现，除了家电需要控制器外，电动工具也需要控制器，其他很多产品都需要控制器，所以今天我们叫“智能 +”，聚焦智能控制器领域，而且不仅仅是智能控制器本身，它还包括物联网——场景的智能控制。

第二个重要输出——战略目标牵引！我们定下了 2025 年营业额突破 200 亿元的目标。当时定下的这个目标，并不是从现在向以后推导出来的，实际上，战略就是定目标，定了目标之后，再把目标分解到每年、每月，这就是战略与战略解码。公司董事长武永强说：“战略不能完全靠计算，而是靠各个方面的综合判断，最后得出目标。”而目标的牵引作用非常大，从 2015—2019 年，公司的营业收入分别为 14.46 亿元、18.27 亿元、26.83 亿元、34.07 亿元、40.99 亿元，每年以 30% 左右的速度在增长，公司焕发出新的生机。

调整过后的战略我们称之为“一体两翼”，一体：聚焦智能控制器；两翼：高效电机+锂电池。因为从当时来看，高效电机和锂电池是可以比较明显地与控制器产生协同效应的，而像 LED（Lighting Emitting Diode，发光二极管）事业部也是很有价值的，还将继续保留，尤其是在当前物联网的概念里，LED 的产品很有可能会重新显示出它的优势。

对公司的战略思考来说，对行业发展规律的认识是非常关键的，这个认识必须基于行业和顾客之间关系的判断，必须清晰地懂得：行业所服务顾客的真实需求是什么？什么才是顾客无可替代的选择？在这些思考里面，必须包括我们在整个行业价值链上的价值是什么？我们能给顾客带来什么？有时候我们的思维会特别在意自己眼下的所得利益，而忽略了产业链上利益相关者的价值分享，这就造成了中国产业发展的一种困惑，也是我们公司发展过程中一定时期的困惑，但这不是一种战略性思维。所谓战略性思维，就是：选择自己贡献价值最大的部分去做，贡献价值小的部分不做，转而寻找最大价值共享和产业联盟。

在部分大客户收回智能控制器业务自建工厂的背景下，我们有过犹疑，但是后来，很多大客户又慢慢地释放出来大量的订单和方案需求，这是行业发展和产业联盟的必然，也是全球范围内资源整合的必然。这也成为我们战略定力的重要来源。行业必然需要专业的智能控制器方案提供商，如果我们在行业价值链上成为了顾客无可替代的选择，我们也就在这份事业里面找到和实现了自己真正的价值。

# 在深圳眺望全球

自2009年公司在杭州设立分公司起，我们就开始了区域外延式的规模化扩张，从深圳走向全国，乃至全世界。2009年，我们在重庆购地并兴建重庆拓邦大厦；2011年，我们在惠州购地并建设工业园；2015年，我们在宁波投资兴建宁波拓邦智能控制有限公司；同年，我们在印度投资设厂；2019年，我们在越南设立工厂。我们已经形成了以深圳为总部、多区域协同发展的局面，未来我们还会在全球各地建立运营中心和工业园。

德国著名管理学家赫尔曼·西蒙在1986年曾提出“隐形冠军”的概念，“隐形冠军”指的是那些在本行业处于数一数二的领先位置，在其专业领域鼎鼎有名，但不为大多数普通公众所知晓的公司。从这个角度来看，拓邦公司可以说是一家有着“隐形冠军”潜力的公司。我们未来的目标也正是推动自身和客户实现从中国制造向中国创造、从中国速度向中国质量、从中国产品向中国品牌的转变，成为智能控制领域的“隐形冠军”。

“这是最好的时代，这是最坏的时代；这是智慧的时代，这是愚蠢的时代；这是希望的春天，这是绝望的冬天；我们应有尽有，我们一无所有；人们直通天堂，人们直堕地狱。”这是大家都非常熟悉的一段话，是英国作家狄更斯的作品《双城记》的开篇。每当时代经历过转折、变迁与进步时，这都是一段最常被人们引用的话语。今天，我们所处的也许也正是这样一个时代，而穿越时光之海，“用智能控制技术为客户提供价值，使人人受益”，这就是拓邦人坚守的使命、不灭的信仰。

拓邦公司的很多故事已经发生，很多故事正在发生，而且将持续发生。拓邦公司的故事，由你、由我、由我们共同演绎，共同书写！

第二篇

# 文化一致 才是拓邦

“道不同，不相为谋。亦各从其志也。”

——司马迁《史记·伯夷列传》

不知你是否注意到，文化其实遍布我们的周围，不同的企业有不同的文化，文化会影响到企业里面每个人的工作、人际关系等方方面面，而且文化往往根植于我们每个人的内心深处。

文化和企业价值观在一个企业里面显得如此重要，其根本原因是，企业的真正存在，短时间内可能是因为战略、产品、财务、规模、组织架构、人才等等，但从长期来看，其本质则是文化、精神、价值观。一旦一个企业在文化和价值观方面出了问题，或形成了某种病态的文化，不论当时的市场、利润、社会效益如何，它都很快就会陷入危机之中。

在这里，危机不是原因，而是必然的结果。

企业文化不是纸上谈兵，企业有怎样的文化，就有怎样的未来和发展格局，就像乔布斯说的："文化不是纸上怎么宣传，而是信仰什么，如何思考，如何做事。"

拓邦公司的文化和核心价值观，是拓邦公司存在的基因。它的形成除了跟公司的行业属性、产品性质有关之外，对其影响更为深远的是公司创始团队成员的性格。比如，创始团队成员最初对于公司经营和管理的“约定”，最初提倡什么、反对什么，对公司里面的人、管理干部有什么样的期待和要求等等。慢慢地，随着公司的发展，进入公司的员工越来越多，每一个进入公司的员工都会成为公司这个有机体的一部分，都会影响公司的性格和文化，因此，文化也会进化。

但不管文化如何进化，我们都认为：文化一致，才是拓邦。

# 远大抱负，使命感、内驱力

“士不可以不弘毅，任重而道远。仁以为己任，不亦重乎？”

——《论语·泰伯章》

公司董事长武永强在聊到公司的未来和愿景时，用了一个词——立意长远。他说，什么叫做远大抱负？远大抱负就是不能短视。什么是短视？比如你家有一个孩子，你说这个孩子读书有什么用，还不如去帮父母卖菜，因为卖菜可以马上挣到钱，读书你得念完大学，可能还得念研究生，可能还得继续往上念，这个时间会很长。而让孩子念书就是一个立意长远的选择。拓邦公司就是这么一个具有远大抱负和使命感的公司，这一理念体现在公司业务布局和管理的方方面面。

## 做一个有理想的公司

企业是由人组成的，那我们拓邦公司的这群人，是一群什么样的人呢？首先我们应该是一群有抱负的人，应该是一群有追求的人。我们不是一群碌碌无为的人，不是一群得过且过的人，我们应该有远大理想和抱负，有追求。如果一个人得过且过，可能这辈子也就这么混过去了。但是当你有理想、有抱负的时候，你的所有行为都是不一样的，你有你的目标，有你的方向，有你可期的未来，到最后你得到的也是和别人不一样的。

所以我们定义我们拓邦公司这一群人，首先是有远大抱负的一群人，这应该成为拓邦公司所有人共同的特质。中学时候我们都学过一篇课文，叫《陈涉世家》，里面有一句话是："燕雀安知鸿鹄之志哉?"我们应该做鸿鹄，而不做燕雀，燕雀只是在一个地方飞行，而鸿鹄可以飞很远很高，这就是有理想和没有理想、有远大理想和没有远大理想的区别。

理想有大有小。小的理想，比如买车买房、工作舒心、小日子过得滋润等等；大的理想，比如"为中华之崛起而读书""实现中华民族的伟大复兴"等等。所以理想有大理想和小理想之分，这是不一样的。作为一个公司，只有拥有远大的理想，才能够把大家团结在一起。这个理想不是一个人的，而是公司里面所有人的共同追求。如果公司的理想定得很小，大家就会觉得为之奋斗没有意义，而且它很快就能实现。

现在有很多很伟大的企业，比如迪士尼，它的使命是使人快乐。我们认为这个理想很伟大，它给人们带来了快乐。还有惠普，它的使命是为人类的幸福和发展作出技术贡献。谷歌的使命是整合全球信息，使人人都能访问并从中受益。阿里巴巴的理想是让天下没有难做的生意，这些理想我们认为都非常伟大。

看看这些伟大的企业，其理想都很长远，立意也高远，都非常关注人，体现了对人性的关注和关怀。

那拓邦公司的理想是什么呢？我们以前有过这样一句话：立百年基业唯开拓，树世界品牌而兴邦。这是我们当时公司建立时的使命。但是后来我们发现这只是一个结果，他不能指导我们日常的具体工作，所以我们要重新定位我们的使命，那就是——**用智能控制技术为客户提供价值，使人人受益**。

我们这群人不是医生，也不是政治家，我们没有其他的能力，我们的能力是用智能控制技术改变这个世界，赋予机器生命和智慧，使之替代人的脑力劳动和体力劳动，解放人，让人的生命更具价值，这是我们的使命。

就像电的发现一样，电代替了人的很多劳动。正因为有了电，才能使人们现在生活得这么好。假如没有电，很多动力还源于人自身的体力的话，我们就不可能坐在这么舒服的办公室里，不可能生活得这么好，这就是电给人们带来的价值。而拓邦公司要通过智能控制技术来带给人们价值，这就是我们的使命。

现在的人工智能和物联网，使智能控制技术得到了很大的发展，我们能够让机器更加智能化。原来的机器都是“死”的东西，现在通过我们植入智能控制器，就相当于植入了智慧，这个机器就“活”起来了。将来世界变化会非常大，这些变化里会有我们拓邦公司的功劳，虽然目前的功劳还很小，目前我们一年只做几十亿元的营业额，但是相信有那么一天，这个世界会因我们而不同，这个世界会因我们的智能控制技术而不同。一定会有这么一天！

“使人人受益”，这“人人”范围太广了，它不是指一个人、两个人，全球几十亿人，我们能使他们都受益。我们相信，在公司以后的发展过程中，我们会创造出很多很多的技术，会有很多很多的发明，我们就做智能控制，我们就做这一件事儿！我们的这种发明，我们的这种技术，会使很多很多的机器和设备更加智能化，这就是我们要做的事。

也许50年、100年、200年后，再回过头来看拓邦公司，你会发现拓邦公司为人类的进步作出了巨大的贡献，所以我们认为我们这个使命是伟大的，这就是我们应该有的远大抱负，是我们共同的理想。

在有了远大理想的情况之下，使命感是会油然而生的。大家看一看中国共产党打天下时，广大党员抛头颅洒热血，不论敌人用什么手段都不低头，都不损害党和国家、人民的利益，实际上是因为共产党员有理想，有坚定的信念，所以能够做到这一点，使命感就是这样产生的。

**做一个有理想的人**

人有人的性格，企业有企业的性格，企业的性格是这个企业里面的所有人的性格的集合。如果一个企业里面的人都没有理想、没有抱负的话，我们很难说这个企业是一个有理想、有抱负的企业。所以我们认为，拓邦公司里面的每一个人都必须有理想、有抱负，只有这样，使命感才会产生。

拓邦公司是一个非常人性化的公司，很多人都说来拓邦公司可以不干活，觉得很舒服，上班也没人管，也没那么大的压力，实际上，这是由于这些人没有使命感，没有使命感就没有内驱力。

拓邦公司应该招那些有使命感、有内驱力的人，不需要人去管，就会主动、自觉地做事。我们认为，一个人如果总是被人管着、催着、赶着才做事，那么这个人根本就没有自主创造力。我们在招人的时候，一定是招有使命感和内驱力的人，那些想混日子的人，在拓邦公司可以混一段日子，但从长期来看，他一定得不到很好的发展，也不可能在拓邦公司获得更好的、更大的平台。因为这样的人我们不需要，我们也不会管理这样的人。

那什么样的人才是有使命感的人呢？有的人可能觉得“我天天混日子也没人管，好像也能得过且过”，实际上根本不是这么回事。你有没有使命感，有没有内驱力，你的领导、你的上级是完全能感觉得到的。公司董事长武永强曾说过：“我管的就那么十几个人，哪个人有没有用心，有没有使命感，我只要跟他谈几句话就能充分感受到，不用检查你的工作。所以千万不要把领导当傻子，如果你把他当傻子，你就是傻子。”

所以拓邦公司招聘部门的一个重要使命是：要招有使命感和内驱力的人。这样的人不需要领导盯着给他安排、跟进工作，如果他有使命感，只要给他目标，他就会想尽一切办法把工作做好。对于这样的人，就不需要用那些条条框框去约束他，这就是拓邦公司为什么要讲究人性化管理的原因。

我们不需要像管幼儿园小孩一样去管理员工，这样的管理我们认为是非常低层次的管理。在我们看来，真正高层次的管理是一种使命感使然，这种使命感是一种内驱力，是自发的。没有自动、自发的内驱力，而又想把工作做得很好，我们认为是不可能的。这是我们拓邦人的共识。

就像电气事业部总经理彭干泉所说的："你负责哪个模块，你就要立足于成为这个模块甚至细分领域的专家和领导者，而不仅仅是把手头的事情完成。"他说他在登山的时候，都还想着如何更好地为客户实现价值，如何满足客户的需求，这就是使命感。微电事业部总经理马伟说："什么是使命感？使命感就是把公司的事儿当成自己的事儿，具有主人翁精神，这就是使命感。"

使命感绝不是金钱使然。有的人说你给我金钱了，我就有使命感了，那不叫使命感，那叫驱使。在拓邦公司 20 多年的发展历程中，曾有过这样的案例：给的奖金不满意，突然第二天就休息，就生病了，不干了；让他去做一件事，先问"有没有什么好处""没有好处，对不起，我不干"。这不是使命感，这只是金钱的驱使。

从本质上讲，使命感跟金钱的关系不大，它是一种内心的满足。如果不是使命感和内驱力使然，在面对困难的时候，我们就会很容易退缩。

我们身处 PCBA 行业，我们的客户基本是整机大客户，开发周期很长，前面的洽谈、审厂以及谈判等各个环节下来，可能都要一年半到两年，甚至更长时间，所以有些员工可能在这一年半载的时间内是没有太高的收益的，如果他只是金钱驱使，盯着今天、今年或者是明年的收益，他很有可能做不下去，所以我们行业本身的特质需要我们立意长远，以战略的眼光和宽广的胸怀跟客户合作，跟公司共同发展。

微电事业部曾经经历过一段比较艰难的时期，当时微波炉、电磁炉这些产品都比较成熟了，市场进入红海竞争，未来如何走是摆在他们眼前的现实问题。那个时候马伟决定要开发一些大客户，但大客户特别是国际大客户对制造能力、品质水平、交付、体系管控等等的要求是非常高的，根据拓邦公司以往开发客户的经验，我们在整个后端、供应链、品质能力、工艺能力等方面相对比较欠缺，体系管控能力也不行，因此怎样提升 OEM 和交付能力，是一个压力很大、也很痛苦的过程。但马伟仍然坚持着，也非常有韧劲，带着整个事业部埋头打磨后端供应能力，这个过程差不多持续了两三年时间。正因为他的这种坚持，事业部的供应能力有了质的提升，承接大客户的能力也有了质的改变，为事业部接下来能非常好地服务大客户项目打下了坚实的基础，提供了坚强的后盾。

这就是使命感，为事业部的发展谋出路，为事业部的团队指明方向，短时间内可能很痛苦，但也身先士卒地践行和努力。

除了公司的使命之外，每个部门也有各自的使命，比如公司人力资源中心的使命是激发组织和个体的活力，让组织效率更高、个体更有价值；财务部门的使命是成为公司的智囊团，为公司决策提供各种方案、模型和数据支持等等。我们每一个人在公司里分别扮演一个角色，在公司、部门的规划下，在统一的战略指引下，在每个人的角色担当下，所有这个角色的事情你都应该主动地去想、去办，而不应该是等着上级的安排。

如果期待领导把所有的事情都安排得非常明确、非常清晰，任何公司的领导都难以做到这一点。因为公司大了之后，管理的复杂程度也会越来越高，在公司发展的过程中一定会有各种意想不到的事情发生，管理不可能做到面面俱到，做到很细致、很完美。所以我们认为，没有完美的管理，但一定要有主动担当的人。

有使命感和内驱力的人，只需要给他提供平台和环境，而不一定要告诉他应该做什么，以及怎么做。我们有些管理者喜欢手把手地告诉下属，这个事儿应该这么做，那个事儿应该那么做，其实在我们看来，那是因为这类管理者没有选好人，没有选对人，或者是他的管理还没有达到我们所期望的层次。当所有的事情上司都告诉下属该这么做该那么做的时候，这个下属其实只是在被动地响应和做事，他根本没有主动思考，这不是我们的管理想要的。

所以作为一个有理想、有使命的公司，我们需要这样一群人：具有远大抱负、有使命感和内驱力。我们需要大量这样的人。

**自律与责任：我们重用成年人**

夜晚 10 点、11 点，四周已经非常宁静，但拓邦公司的办公大楼却通常灯火不熄。因为公司业务的特点，我们跟很多海外客户存在很大的时差，为了服务好客户，我们很多销售人员、大客户经理联系客户、跟客户沟通到半夜一两点是家常便饭。为了满足客户的交付需要，研发人员做项目开发、采购供应人员协调物料和计划到深夜也是常有的事。就像之前有一个销售经理说的，在家里睡觉的时候，通常会把电脑音响的声音调到最大，一旦听到 QQ 的短信音响声，就马上爬起来回复客户。

微电事业部供应链总监郭银飞讲过他刚来拓邦公司时加班的故事。那时候是微电事业部埋头打造后端供应能力的关键时期，也是至今拓邦公司最大的一个客户服务攻坚的关键时期，那个时期，后端和销售部加班到凌晨零点、一点是常见的事情，有一次他加班到凌晨一点钟，办公室已经空无一人，突然他感觉到身后有一个黑影闪过，他吓了一跳，转过身来一看，原来是销售经理谢林峰。他说，那时候为了更好地服务客户，满足客户需求，提升大客户的服务水平，大家都非常拼！

早些年在开发电饭煲控制器产品的时候，现在的公司研究中心总监黎志是当时的项目负责人。有一天早上同事们到办公室后，闻到一股很香的饭香味，心想谁这么早就到办公室了，然后同事们看到黎工正在埋头做实验，一问，才知道黎工整夜没回家，在公司做产品测试，刚煮熟了一锅饭。

很多同事提到微电事业部销售总监张勇的时候都说，凌晨两三点收到张工的邮件是一件很正常的事情。

对，这些就是拓邦人工作的一个缩影。我们不是强调你加了多少班，而是讲为了完成你的目标，你内心深处的那份责任和职业使命。

**我们招聘“成年人”**

拓邦公司在用人的时候，说要重用“成年人”。拓邦公司所说的“成年人”是什么概念呢？“成年人”首先是自己能为自己的选择、自己的行为负责的人。

很早的时候公司董事长武永强就讲过，在某种程度上，他不太喜欢“拓邦人”这个说法，因为公司的员工不是拓邦公司一个公司的，这些员工同时还是家庭的、社会的，还是他们自己的，将来也可能是另外一个公司的。这是人性，也是现实。我们从来不敢奢望，也不敢强求一个人在拓邦公司一辈子做下去。

在谈及一个人选择一个公司的时候，我们会说其实这跟选择男

（女）朋友或结婚对象过日子是一样的。能不能长远地走下去，得看这家公司的三观跟你的三观是否一致。比如，这个公司提倡什么，反对什么，能否承担社会责任（价值观），能不能跟员工共同发展（利益观、金钱观），它把员工当人，还是当机器看待（人生观）等等。就像你跟你的对象相处舒不舒服一样，你在这个公司待得舒不舒服？如果舒服，咱们就能好好地一起走下去；如果不舒服，可能就会分手、离职。

同样的，在选择一家公司的时候，我们也会考虑这家公司提供的这个工作跟我们自己长远的职业规划是否匹配，在我们的整个职业生涯中将是一个什么样的环节或存在。所以我们可能没有永远的东家，但应该有永远的个人职业生涯规划，而当下这家公司，正好是我们职业生涯规划中的一个阶段，只不过这个阶段的时间或长或短而已，短则几个月、几天，长则十几年、二十几年，甚至终身。

而“成年人”，往往会考虑清楚自己当下真正想要的是什么，做什么事情能给自己带来强烈的使命感和成就感，会去探索这份工作是否符合自己的职业规划和理想。一个人，只有在做自己真正喜欢的事情的时候，才会全身心投入，带着使命去工作，心理学将这种状态叫做“Flow（福流）”。

拓邦公司之前有一位员工，做了六年的工程师，但做得很不开心，没有丝毫成就感，甚至有抑郁倾向，每天最不想干的事就是上班。在这种状态下，我们没法奢求他有多高的工作激情和驱动力，也不敢奢求他有很高的工作效率。但在聊起他平时在家里喜欢种养的多肉植物的时候，我们就能清楚地看到他眼睛里的光芒。我们说其实这是被工程师职业耽误了的多肉植物专家。

后来，这位员工离职后跟朋友开了一家养植、出售多肉植物的店，有时候看到他半夜发朋友圈展示自己养植的多肉植物，从他的一些话语中我们能感受得到，他终于走出以前的职业惯性和家人的期望，在另外一个领域找到了自己的职业规划和理想，那种废寝忘食地工作的使命感也就涌现出来了。

### “成年人”会自我管理

电气厨卫产品中心总监肖锋曾说过一个故事，某工程师负责的TFT 烤箱项目在即将收尾试产之际，客户提出希望烤箱的温度曲线可以做得更好。按照当时的技术来说，客户提出的是一个非常高的要求，能否完成其实我们并不清楚。当时客户公司所在地天气寒冷，但负责该项目的工程师还是决定与销售人员一起飞往客户公司进行调试解决问题。

当天经过 3 个多小时的飞机航程后，大家用完午餐就直接前往实验室。当地气候非常寒冷，拓邦公司员工对那里的饮食也不适应，该工程师出现了水土不服的情况，但他依然坚持在实验室不断修改程序，不断调试，经过十几天的努力，终于按客户要求实现了烤箱温场水平。拓邦公司员工的服务精神打动了客户，赢得了客户的尊重。

拓邦公司的文化是一个充分放权的文化。但放权不是对任何人都放权，对“成年人”放权才有意义，对不是“成年人”的人放权，那将会是灾难。就像之前热播的电视剧《都挺好》一样，我们放权的对象不应该是里面的苏明成。

“这个时代不需要更好的管理，而需要自我管理的复兴。”我们重用“成年人”，因为“成年人”能够很好地进行自我管理。“成年人”有自己的目标，知道自己想要什么，知道自己的工作目标和方向，对未来有信念，能先人后己，勇于担当，有新的任务来时不会推三阻四。“成年人”会高度自律，有高度的责任感。

德鲁克告诉我们：“真正重要的是自我发展和自我管理，史上最荒谬的事情莫过于由企业一肩扛下发展员工的责任。真正应该承担这个责任的是个人，没有任何企业有能力或义务取代员工个人自我发展的努力。”

我们很难想象一个不能很好管理自己的人，能很好地管理别人，能很好地管理工作。

就像一位工程师所说的：“我每天洗澡的时候都在思考工作的事情，慢慢地养成习惯后，发现恰恰那时候是最放松、思维最活跃的，很多工作的灵感都是我洗澡的时候想出来的。”

“成年人”会主动要求自己以积极的状态去面对问题，积极思考、解决问题，而不会把问题和责任推给别人。

比如，我们在给客户报价的时候，通常都是研发、采购、销售三方一起合作才能完成，到最后如果出了问题，三方有可能会相互指责，研发会说采购没有及时给料，采购会说销售需求给得不准确，销售会说这个需求客户还没有给他们。

但作为“成年人”，我们就会承认我们最终是没有实现客户报价的目标，不管是哪一方的责任，我们都有义务一起从整个业务流的角度、团队通力协作的角度来思考如何改进，以努力达成目标，而不是相互指责，推卸责任。

不能及时解决问题，这些问题就会像山一样横亘在我们眼前。“你不解决问题，你就会成为问题”，所以我们必须勇敢地面对问题，这是解决问题的基本前提，也是我们成长为一个“成年人”的必经之路。避之唯恐不及，认为“这不是我的问题”，这种态度肯定于事无补；指望别人解决自己的问题，也不是明智之举。

唯一的办法就是，“这是我的问题，要由我来解决”。这是“成年人”的责任，也是“成年人”的使命。

# 坚持技术具有价值

“人若愿意的话，何不以悠悠之生，立一技之长，而贞静自守。”

——马利亚·里尔克《苹果园》

公司董事长武永强曾表达过一个坚定的信念，他说，不论大会小会，对外对内，我都说，拓邦公司是一个技术型的公司，哪怕是在公司最艰难的时候，做了大量的 OEM 项目，但我还是坚定地相信，我们要做的就是一家技术型的公司。

虽然我们离心目中真正的技术型公司还有些距离，但我们这帮人的确是靠技术吃饭的，这是我们的定位，是我们的初心，也是拓邦公司一路走来，发展成今天这个样子的原因。

## 技术是拓邦公司的核心基因之一

从拓邦公司的故事中，我们可以看到，拓邦公司是带着技术而生的。拓邦公司的存在，就是因为我们通过技术应用开发出了空调控制器，获得了客户的认可；并通过技术应用开发出了微波炉控制器、滚筒洗衣机控制器、电磁炉控制器等等而存续、发展壮大。

所以我们说，技术是拓邦公司的核心基因之一，拓邦公司带着这个基因出生，也带着这个基因不断长大。

不单单是拓邦公司成立之初，拓邦公司任何一个事业部的发展、任何一条产品线、任何一个项目组的诞生与成长，都与技术息息相关，深具技术基因。

厨卫产品中心总监肖锋在谈到该产品线中心的成长时说，2006年，当时嵌入式烤箱在国内基本上是一片空白，在市面上卖的都是博世、西门子这些国际大品牌。烤箱这个产品可以说是个舶来品，在国外家家户户都在用，用了上百年历史了，很成熟。但在我们国内基本上还是以炒菜炒锅为主。作为国内知名的厨卫行业领军企业，方太就进行过大胆的尝试——投入做烤箱。当时我们厨卫产品中心已经有一些产品在市面上了，但主要也是配合一些国内厂商做出口。方太找到我们后，我们对接的第一款项目就是K1多功能烤箱，软件和硬件都由我们来做。

烤箱的技术难点是温场，当时我们参考了好多国外的机型，在客户的实验室，一呆就是好多天。在控制逻辑、温差调节这些方面和客户达成一致意见后，我们以此为模板，把平台搭建起来。方太觉得最成功的地方就是我们一起把这个平台搭建起来了，因为后续我们给方太做了很多种型号的烤箱，但是平台其实就只有一个，基本上很多型号都是统一的一个电源板，在显示上面可能做一些变化，但是那一套控制的逻辑基本上是一样的，所以方太的产品相对来说是比较稳定的。

因为方太的品牌知名度，产品在中国市场迅速铺开，拓邦公司在方太相继开发的 K1、K2、K3，还有 C1、C2 这些型号的产品在中国市场都卖得很好。至今，在方太的产品展示厅，我们还能看到拓邦公司开发的第一款 K1 型号产品，摆了 10 多台，也算是作为一个纪念吧。当时通过技术应用和开发，我们和方太一起成功开发了这款产品，在国内市场上大卖，我们和客户一起开辟了嵌入式烤箱的新纪元。

公司董事长武永强曾说过公司初创时期的一个故事。当时有个台山的老板，每次我们去他们那里，他都很客气，请我们吃饭。有一次吃饭时，他拿出一瓶 XO 酒问武总："你知道这个多少钱吗?"武总说："不知道，几百块钱?"对方说："这是一万多块钱的酒啊!"武总很惊讶："这么贵呀?"他说："你们是科技佬（科技佬，什么意思呢? 广东话，就是我们是搞技术的），所以我请你们吃饭，我用最好的酒。"这个老板给我们的感觉就是：我们是有价值的，我们用我们的技术给客户带来了价值。

这是 20 多年前的事儿了，拓邦公司就是这么一路走过来的。我们每到一个公司，都会受到这个公司从总经理到各个领域的所有人的尊敬，因为他们感觉我们给他们带来了价值。

我们还可以回顾一下我们公司这么多事业部发展的历程，以电气事业部为例。电气事业部总经理彭干泉早期是公司的研发负责人，他认定，我们给客户提供的就是我们的技术，他对技术非常重视，从十几年前开始，他就一直这么坚持。

电气事业部是公司内部最早按产品线来规划产品和技术方向的部门，彭干泉一直坚持要用我们的技术去开拓市场，坚持到今天，电气事业部发展得非常好，所有产品线的技术含量都很高，跟客户一起推动了行业很多产品的发展。记得有一年，成本普遍上升，其他事业部都在应客户的要求规划要降价，但电气事业部却说有几款产品要涨价。其实，这就是一种自信，一种技术自信，一种价值自信。

从拓邦公司的发展历程来看，我们认定拓邦公司是以技术为本的公司，拓邦公司将来的发展也是这样一个思路。所以我们的战略中就有这么一条：做强 ODM，做精 OEM。这并不是说我们不做 OEM，而是 OEM 要做精。我们最终一定是给客户提供技术方案的价值，成为一个全球领先的受人尊重的智能控制方案提供商。

**以技术立本是我们的核心战略之一**

我们每一个产品的推出，每一个客户的订单，每一个业务单元的成立，每一条产品线的发展，都离不开技术的突破。拓邦公司因技术满足了客户需求、给客户带来了价值而生，可以说，“技术”二字深深地烙在了拓邦公司的骨子里。

当然，在这个过程中，拓邦公司也曾有过一段时间没有及时调整战略，使公司的产品在技术更新上没有得到及时的提升。所以在过去的五六年时间里，我们和竞争对手实际上已进入到一种白热化的竞争态势中，到最后，拼的并不是技术，而是客户关系、成本、交期。当然这些也很重要，我们并不否认它们的重要性，但是在那五六年时间里，我们越来越不靠我们的技术吃饭。

拓邦公司从前几年开始重新调整方向，还是坚持我们这帮人是凭技术吃饭的。我们认为世界上有很多公司的存在都有它存在的原因，而拓邦公司之所以存在，是因为我们能够给客户带来有价值的技术，这是我们对公司的核心战略的定位。

我们最早的时候只做空调控制器，在空调控制器的技术难关被我们攻克之后，就有大量的客户来找我们。后来我们又做了微波炉控制器，在微波炉控制器的技术难关被我们攻克之后，又有大量的客户来找我们。我们的每一次成长，都与我们给客户带来的技术价值有关系。回顾公司的历史，这样的例子很多很多。现在，拓邦公司的产品类型、技术应用领域越来越多了。所以我们回归初心，确立以技术为本的观念。

拓邦公司现在已经有 1000 多名研发工程师，是各专业模块中占比最大的一个群体。我们相信随着公司的发展，我们将会有几千、上万，乃至几万的研发工程师，一定会有这么一天！我们每年在研发领域的投入占比是最高的，不管是在人员方面的投入，还是在实验室场地方面的投入，或是在研发设备、研发系统、研发流程打造等等方面的投入，只要规划合理，我们的资源都会向其倾斜，以此打造技术优势和扎实的护城河，打造研发技术方面的核心竞争力。

## 技术攻关，我们始终坚持

公司董事长武永强曾说，这么多年来，有炒股、投资房地产等很多可以赚快钱的诱惑，但是我们都避开了，始终坚持在智能控制器领域的技术投入。

电气事业部总经理彭干泉也曾说过，挣钱的方式有很多，比如贸易、低端制造，但我们选择了去挣一些比较难挣的钱，通过这种方式来不断地挑战自己和提升自己的竞争力。如果我们从一开始挣的是很容易的钱，就意味着我们的能力可能会停滞不前，我们在某一个阶段可以活得很滋润，但是过了这个阶段后，就会像温水煮青蛙一样，慢慢地我们就垮掉了。

坚持技术这条路，是一条攀登珠穆朗玛峰之路，是一条充满坎坷的路，可以说这是拓邦人的一种勇气，也是一种自信。

当时我们做洗衣机控制器的时候，因为是第一次做，有很多软件的核心算法我们还没有掌握。跟客户合作的过程中拿到的规格书也非常简单，因为原有的控制器供应商没有给客户一本很完整的设计规格书，而只提供一份简单的使用说明，说明里面有些功能是我们测试出来的，但是还有很多当时我们没有测试出来的功能。

这里面要解决两个非常重要的盲点问题。第一个是关于电机调速的问题。电机调速需要用到 PID 算法（结合比例、积分和微分三种环节于一体的控制算法）。现在来讲，这些技术已经是比较成熟了，很多公司都已经掌握，但在那个时候是很难的，我们费了很长时间才解决这个问题。还有一个问题就是称重检测问题。洗衣机要达到一个良好的平衡，使它振动的时候不会跑路，让它的离心力均匀，使衣服可以被抖散，均匀地分布在桶壁周围。这里面是有一个算法的，这个算法一开始我们不懂，琢磨了好长一段时间始终不得要领。有一天，在跟客户工程师交流的时候，客户工程师说供应商之前好像有说过，用 PID 算法，里面去掉一个参数，用积分的方式把这个误差求出来，越不平衡，基本误差就越大，就去掉这个微分，就这么一句话启发了我们。

当时有一个工程师常驻客户那里，一旦遇到问题，他就把问题反馈回来，公司这边有另外一个工程师做验证，验证完后再告诉他，花了好几个月的时间，才勉强把这些问题解决掉。其实那个时候问题解决得还不是特别好，但是客户已经愿意接受了，因为按照我们的设计，一个控制器可以节约一半的成本。

所以如果从对人的锻炼来讲，进行技术攻关的时候，我们要有足够的韧性和毅力，不能遇到问题就轻易退缩。

后来我们在跟上海荣威合作的时候，也遇到过类似的技术攻关问题。当时做的是一个游泳池设备的项目，这个设备是给游泳池里面的水进行加温用的，对安全要求很高，如果说接地不好，很容易漏电，就会有安全隐患。所以就要识别地线到底接上还是没接上，做地线检测，这在当时也是一个技术难题。

同时还要求满足 TUV（德国技术监督协会）和 UL（美国保险商试验所）的测试标准要求，这个标准等级也很高。当初客户找到我们时，虽然我们评估后说我们能做，但其实我们并没有十分的把握。但客户说找了很多家企业都做不到，所以我们就尝试给他做了。

但每一次方案做到 90% 的时候，都出现不能满足安规认证要求的情况。当时负责这个产品的工程师在上海给部门负责人彭干泉打电话："彭工，不行了，这个难题我们左右使不通了，我要回来，我要退出这个项目。"当时彭干泉就说："你不要回来，你在那里等着，我马上过来。"当天下午，彭工马上订了一张机票飞过去客户那里，跟项目工程师、客户工程师一起讨论方案，后来借鉴了试电笔的原理，另外设计了一个方案，就成功了。然后他们马上带着方案到认证机构，机构也说这个方案可以满足安规的要求，是可行的，这个技术难题就这么解决了。

在公司的发展历程中，我们一直在啃硬骨头，这里的两个案例只是早期比较典型的案例。其实后面我们在很多产品比如说变频洗衣机、变频空调和变频冰箱等产品开发，以及对一些产品电磁兼容问题的解决，某些电路可靠性问题的解决等等的过程中，都有很多类似的经历。

作为工程师、项目攻关者，尤其是公司的管理者，我们要有必胜的信念，在技术难题面前，这种信念非常重要。不要轻易退缩，天无绝人之路，只要不停地琢磨、不停地想办法，一定能找到解决对策。如果浅尝辄止，轻易就放弃的话，很多东西，就都没有后来了。

就像微电技术中心总监陈金舟说的，在技术攻关面前，我们要有一种痛苦感，就是做不出来我会很痛苦、很煎熬，但我们不是说要被这种痛苦感打败，而是让这种痛苦感成为驱动我们前进的绝佳动力。

## 创新，无处不在

拓邦公司在创新方面的探索和成果很多，实际工作中碰到问题时不按部就班，能够用好的办法去想、去解决，这本身就是一种创新。

我们最早在服务微波炉客户的时候，控制器的芯片都是日本产的，比如东芝、夏普等厂商，他们的芯片当然不错，质量好、功能全。但是随着国内微波炉市场的变化，低成本的需求日益迫切。当时我们销售微波炉控制板一般都是 100 多元一块，而芯片就要 70 元，所以我们就提出来，是不是可以用韩国的芯片来取代日本的芯片，这样就可以大幅度降低成本，满足国内市场对低成本的需求。

当时我们的开发部还是一个整体的开发部，还没分出事业部，在我们把这个需求提出来后，就出现了不同的声音。当时，不少人都说不可能，但是公司董事长武永强想推动大家去做，因为当时他是跑市场的，美的、海尔、格兰仕等这些客户都提出了这个需求，能不能降低成本，一方面是市场需求的反映；另一方面也是我们面临的一种市场压力，需要我们去面对和解除。于是武总就找到马伟，让他试一下，看行不行。当时马伟是一个工程师，他评估后认为是可行的。武总谈及这个事时，他说记得那时候是“十一”放假的时候，等我们放假回来，马伟就把方案给做出来了，根据方案生产的产品的性能不亚于用日本芯片的产品。

这就是一种创新！在那之后就带来了国内市场的变化，一是用韩国的芯片后带来了成本的下降；二是交货期缩短了。那时候，日本芯片动不动就要几个月，而韩国芯片只需要几周的时间。这就是创新——不固步自封，敢于尝试。

后来我们给万家乐做燃气灶的定时器，燃气灶一打火，对它的干扰就比较大，我们的单片机就死机，我们想尽一切办法，用各种电路来抗干扰，都没有成功，最后想到用铝壳把它包起来，就没有干扰了。

实际上，拓邦公司有很多很多这样你想象不到的例子，这些都是创新。在拓邦公司，创新是无处不在的！

创新，首先是我们的重要工作理念和工作思维，就是要求员工做事的时候更多一些思考和想法，当问题出现，遇到障碍越不过去的时候，不是惧怕、回避问题，不是一筹莫展，不是愁眉苦脸，不是下意识地反应“不可能”，而是愿意打破原来的做事模式和方法，愿意尝试新的可能实现的办法。

电控研发中心副总监宋家普有一次说起创新的时候说：有时候遇到问题，我们会一帮人去头脑风暴，看看大家有什么好的想法，一群人在一起进行思想碰撞，可能会产生很多奇思妙想，好过一个人在那里苦思冥想。这是一种心态和感觉，是对有别于你固有经验的新事物、新观点、新想法的一种感知意愿。

“呃，是否可以这样？”“哈，原来还可以这样！”——对，就是这种感觉！

有时候当你说出创新的想法时，别人可能不一定会理解，所以我们每个人都要有自我管理、自我主导自己工作的思维，而不能被别人主导你的工作，因为当你的工作被他人主导的时候，你就不敢创新了。

如果你把工作当成一种追求、一项艺术去做的话，那结果肯定是不一样的，你会有很多灵感；如果你只是把它作为一项任务去完成，那你就会缺乏动力，就会投入不够、做得不够。所以公司希望每个人都能够把各自角色的工作跟自己的事业融为一体，激发创新意愿。

### 创新需要创新的土壤

创新一定是在轻松的环境下产生的，把思路打开、把思想打开、把束缚打开。从管理的角度而言，只有让员工自己去主导自己的工作，有自主权，他才会有创新；如果什么事情都要左请示右汇报，员工不可能有创新。

在创新土壤、文化的培育上，我们要防止权威、官僚对创新的影响。比如有个人有个创新的想法，刚提出来，突然有个领导说这不行，就给否定掉了。这就对我们的管理干部提出要求，本来创新就是在很多不确定的情况下看到的一点曙光，曙光实际上就代表了希望，比如有些地方，员工可能只是因为想尝试一下新方法而出了一点失误，这时，作为管理干部绝对不能随意否定，不能把人一棍子打死，否则这个员工以后就不敢尝试新方法了。所以要防止权威、领导对创新的阻碍。

电气厨卫产品中心肖锋认为，首先，只要有人提出新的点子，管理干部一定要持一种包容的态度，要给予鼓励。可能在你看来这是不值得一提的东西，但你一定要让提出者觉得这个东西可以去尝试，管理干部一定要营造这样的一种氛围。

他还举了一个例子，以前有一批新来的应届毕业生，他们“糊里糊涂”地就提出了一些创新的想法，这些想法在一些老员工看来不是创新，甚至有些想法很不成熟、很幼稚，但是肖锋还是会让他们去总结，让他们在部门内部发表意见，鼓励他们思考，不打击，不嘲笑，保护创新，保护思考，营造创新的氛围。

同时，肖锋在创新管理上还提出对“创新需求”进行双向传播，一是利用我们自己的资源把创新的方案加以传递、传播，让技术和创新创造价值，只有创造了价值、创造了效益，创新者才会更有成就感，才会更愿意进行更多的创新；二是假如被接受者、客户有创新上的一些需求，我们也可以把这些需求传递给内部员工，激发内部员工的想象力和工作动力。

## 知识产权体系为技术保驾护航

作为一家高科技公司，知识产权是我们的核心资产，也是我们的核心竞争力。但对于知识产权重要性的认识，拓邦公司似乎有些后知后觉。

拓邦公司在 1996 年就成立了，但第一件专利在 2001 年才申请，是当时一个做互动数码产品的部门申请的，专利名称叫“互动游戏机用运动方向传感装置”，这个专利产品在时任国务院副总理李岚清到深圳清华大学研究院参观时，还在展厅现场体验过。

公司曾经自主开发的核心技术产品——电磁炉控制板、微波炉控制板的市场反应非常好，但由于我们知识产权保护意识薄弱，当时很多智能控制的核心技术都没有申请专利保护，导致我们在市场竞争中逐渐被别人复制抄袭，丧失了原来的优势。

2008 年，随着授权专利成为国家高新技术企业认定的硬性指标，以及一些政府项目申请对于专利的要求，我们开始在专利方面发力。截至 2015 年年底，我们的专利申请数量累计是 190 多件。但我们知道，这远远不够，我们亟需进行知识产权保护的布局。

2016 年，公司专门聘请了知识产权专业顾问帮助我们建设整个知识产权保护体系，制定适合公司发展的专利运行机制，协助公司组建了专利运营部，展开知识产权保护工作。我们从各个部门筛选优秀的专业人才，组成专利运营决策委员会，知识产权管理团队的成员都具备深厚的技术背景，行业平均工作年限 10 年以上，对产品和技术了解透彻，能够与研发人员、产品工程师密切配合。

我们从专利、商标、版权、商业秘密四个方面，将知识产权战略与业务目标结合起来开展工作，借此将公司的研发创新成果转化为产权，打击模仿抄袭，为公司的技术发展保驾护航。经过 3 年的持续推进，我们已经初步建立了一套完整的知识产权保护体系和运行机制。

知识产权保护的申请数量快速提升。截至 2019 年 10 月底，公司已申请专利928项，年底即将突破1000项。这些专利按通用技术分类，划分成了21个技术类，涉及白色家电、厨房电器、卫浴电器、电动工具、生活电器、环境电器等等各个细分领域。

保护的效果也初步显现。知识产权管理团队发现市场上某公司侵犯了拓邦公司电磁炉发明专利权，于是联合法务部门向法院提起诉讼，于2019年3月收到一审判决书，判决某公司赔偿拓邦公司“经济损失及合理维权支出共计人民币100万元”。

公司某客户在国外接到飞利浦的专利侵权警示函，指出我们提供给客户的某项产品侵犯其多项专利权，公司知识产权管理团队详细研究飞利浦的相关专利保护范围，并与研发人员详细研究了专利差异点，最终确认我们的产品并没有侵犯飞利浦的专利权。专利负责人详细列举了相关的区别点和未侵权的理由回复给客户，帮助客户应对专利侵权警示，避免了相应的诉讼风险。

还有，电控事业部在为日本客户开发一款整机产品时，我们的方案成功地帮日本客户规避了专利风险，促成了跟客户的合作。

类似的案例我们相信将会越来越多。这是一个知识经济的时代，公司将会按照产品线和重大技术方向，持续加大知识产权的保护力度，扩大知识产权组合，进行知识产权保护布局，为技术的发展更好地保驾护航！

# 尊重、包容

“泰山不让土壤，故能成其大；河海不择细流，故能就其深；王者不却众庶，故能明其德。”

——李斯《谏逐客书》

尊重、包容是对拓邦公司内部的核心人文环境要求，今天的拓邦公司有7000多人，将来可能有几万人、几十万人。不管是几千人，还是几十万人，公司内部人和人之间的关系到底是什么样的？人和人之间的关系到底应该遵循一些什么样的原则？是有特权的，还是平等的？是等级森严的，还是扁平式管理沟通无障碍的？是对不同的人区别对待、人际关系复杂、存在各种办公室政治的，还是大家在一起的关系是简单的、透明的，是一样地被对待和相互尊重的？

我们在拓邦公司这种人文环境下工作和生活舒不舒适？我们能不能创造一种土壤，这种土壤是不是顺应人性的？这种土壤是不是够肥沃，足够我们在这里愉悦地、欢畅地吸收营养，供我们快乐、茁壮地成长？

所以尊重、包容，讲的是我们的一种核心人文环境。

**尊重、包容是一切管理的基础**

被尊重是最基本的人性需求，在拓邦公司，如果你是一个管理者，却不懂得尊重人，你也就失去了在拓邦公司做管理的根基。

我们认为，看不起别人的人实际上都是非常肤浅的人。每个人都有自己存在的价值，都应该被尊重，所以我们应该尊重每一个人，而没有理由认为自己高人一等，真的没有任何理由！

**尊重人性，人人平等**

在公司里，我们只有分工的不同，有人做管理，有人做技术，有人做服务。不管你做什么工作，都值得尊重，我们的员工没有高低贵贱之分。

记得公司之前引进了一位事业部总经理，他的能力还是非常不错的，因为我们当时在成品的运营和管理方面没有太多的经验，所以导致之前在成品方面总是出现很多决策上的失误。这位事业部总经理来了之后开展的一些工作，把我们的产品由原来只做部件，真正提升到了做成品的水平。

而且在他的推动下，拓邦公司成为了苹果的合作伙伴。所以他对产品的方向、定位、管理水平以及成品运营的理解等等，还是非常不错的。

但正当公司为引进一位人才而高兴的时候，问题出现了。什么问题呢？就是这个总经理的脾气特别暴躁，平时不管是讨论工作，还是开会，都骂人，而且还不是下属工作做得不好而给予指导的那种批评式的骂，而是真的骂，侮辱人格的骂。

因为在他原来的公司，上级对下属的管理风格就是这样的，上级觉得自己是老大，对下面的人想骂就骂，已经形成一种习惯，不尊重别人，侮辱别人，让别人感觉自己一点价值都没有。

这就跟我们的文化格格不入了。后来公司找他谈话，他也曾试图去改变，但还是控制不住，脾气一上来就骂人，跟部门人员的冲突也很大，以致他主管的七名经理集体写联名信投诉他。拓邦公司的管理者和领导者不应该是这样的，这不是拓邦公司的管理风格，到最后，公司还是决定把他换掉。

所以，即使你再有能力，如果你跟公司的文化、理念和初衷不一致，我们也不会录用。我们的初衷是让大家共同健康地成长，而不是任人侮辱、打击，也不是光追求业绩，不能说因为业绩好就一俊遮百丑。

拓邦公司提倡工程师文化，在拓邦公司相互之间的称呼都是“×工”，不管你是总经理，还是总监、文员、主管、技术员、工程师，一律称呼“×工”。有一位供应链的同事曾说过一个笑话，说有一次一个供应商过来拜访，会上听到同事称呼她“××工”，走的时候还特意发信息问该同事是不是去做研发了。因为在大多数人的认知里，只有做研发的人才被称为“工”，但拓邦公司不是这样的，在拓邦公司，不管你是什么岗位，你的职位是大还是小，都被称呼为“工”。

在拓邦公司，我们没有特权，不是说你是老员工，你是管理者、领导，你是专家、博士，你就可以高人一等。

在公司停车位的事情上，有过这样一个故事：随着公司的车辆越来越多，停车位也越来越紧张，物业管理部门出于好心，为了不让领导满工业园找停车位，帮领导节省时间，就给公司各个部门的负责人、总经理划定了专用停车位。

后来有个职员就给公司发邮件，说：车位本来就紧张，领导经常出差，这个专用车位空着别人也不能停车，拓邦公司文化里面的平等，是公司一直在倡导的，这叫平等么？既然讲平等，那为啥领导有专用停车位，而我却没有？公司后来琢磨，这样做确实不平等，而且领导其实没有一线工程师和员工忙，领导的“忙”是忙着去思考，思考在什么地方都可以进行，不是每天都需要赶时间回办公室。同时，领导有专用停车位，确实不符合拓邦公司的文化和理念，所以这位员工的说法非常正确。后来公司就取消了领导的专用停车位。

在公司饭堂，我们会看到公司董事长武永强跟普通员工一样排队打饭。有一次排队打饭的时候，一位新入职不久的员工和站在他前面的武总闲聊，最后这位新人问："你是哪个部门的？你感觉这儿怎么样？"武总一一作答，认真、谦逊、平和。

**尊重差异，包容差异**

我们来自不同的家庭、不同的地区、不同的国家，有不同的家庭关系、社会关系、宗教信仰和不同的成长经历，这些不同点，使我们形成了不同的性格，形成了看问题的不同视角，使我们成为一个个独具个性的个体。所以不管你喜不喜欢、接不接纳，这个世界就是这样的多姿多彩。

所以我们不可能要求所有员工都是一模一样的，在一个团队里面，应该有各种性格的成员，这才是最好的。因为成员之间的相互影响，才会让整个团队的思维变得更加活跃。这就是说我们需要去接纳很多性格不一样的人，接纳不同的思想，接纳很多跟你、跟大家不一样的东西。

尤其作为管理者，如果我们做不到充分接纳，别人提意见你就会很反感，会觉得怎么是这样的呢？怎么跟我不一样呢？这些会成为管理者的局限。

比如，有些技术专家、大咖，他可能特别有个性，因为他的成长过程一直非常顺利，读书的时候是学霸，工作的时候技术过硬，他们一直有很多值得他们骄傲的东西，如果你想要他们保持跟你、跟其他人的一致性，他们可能真的没法做到，或者说很难做到。他们可能很不合群，或者他们的沟通能力也不是很好等等。这时候我们就要思考，这种一致性难道真的是必要的吗？在用这个人的时候，最核心的是用他的什么呢？所以说我们用人应该尊重差异，包容差异，甚至要包容他的一些很短板、很刺人的地方。

包容差异要求我们心胸开阔，有开放的心态。在拓邦公司，我们最怕的是什么呢？最怕的是，在一个团队里面只有一种声音。当然我们指的不是在决策后的执行，如果一件事情已经决策要执行了，那就需要只有一种声音。我们说的是在达成共识、作出决策之前，要允许大家表达自己不同的想法，进行思想碰撞，你说你的思考，我说我的感受，每个人的视角不一样，充分地发挥大家的聪明才智，汲取大家的智慧。如果从头到尾都是某一个人的意见，别人的意见与你的不一样，你就打击、排斥别人，这在我们看来是非常不好的。

我们应该营造一种氛围，让所有的人都能够畅所欲言。从历史来看，春秋战国的时候百家争鸣、百花齐放，思想非常活跃。还有唐代。每一个文明盛世，都是非常开放和民主的。在一个企业里面，如果领导太过专制，对下属压制太多，这个企业是没有前途的。

我们最怕的一种状态就是：领导在那里讲几个小时，参会的其他人都不说话，或者不敢发言，或者觉得就算发言了也没什么意义。因为不说还好，一说可能就会被抨击。这是非常可怕的，它会扼杀人的积极性，我们绝不能扼杀员工的积极主动性。

人力资源中心总监戴惠娟就曾说过：“在拓邦的团队里面，我们每一个人都是独立的个体，我们要把人当作一个有独立思想的个体去对待，而不是一台机器。”我们可以引导、影响别人，但永远不要尝试去控制别人。

好的管理者要能容纳各种不同的声音，要包容，让各种风格、各种个性的人的聪明才智都能在你这里得到发挥；要民主，要听取不同的意见、不同的主张，不能搞一言堂。只要员工遵纪守法，不违反公司规章制度，能够完成任务，积极努力工作，不断进步，提升自我价值就够了，不需要管别人吃什么穿什么，交什么朋友，这是员工的自由。

## 成长路上允许试错

拓邦公司需要有创新的环境，创新的环境需要包容，允许试错。

很多人在做事情时总是战战兢兢，担心事情做错了，心里忐忑不安。当然我们做事时都要尽量做好，但如果有人做错了，我们很不包容，这个人可能以后就什么都不敢做了。本来有个创新想法，想去尝试，还没开始尝试，就有人说三道四，或者只是提出来一点想法，就被领导“啪”一下一个标签贴过来。然后一想：“要是我真的做错了、失败了，会怎么样呢？不更被别人说么?!”干脆什么都不敢想、不敢尝试了。

公司董事长武永强说，作为领导，我们要有包容的心，错了没关系，失败是成功之母。“在前进道路上一定会面临很多的错误，我自己也有很多很多的错误，以前在公司方向上，创造了很多非主营业务的产品线，走了很多弯路。我们每一个事业部总经理成长到现在，其实都出现过很多错误，之前我还跟人力资源中心的同事聊起过，说我们培养一个事业部总经理的成本应该不下千万，因为这中间的很多决策错误所带来的损失其实是蛮大的。但不是说他犯过那么多的错，我们就不用了，我们还是要用，因为这是每一个人成长必须经历的东西，我们要包容，要允许试错。”

人力资源中心总监戴惠娟讲过一个故事。大概在 2001 年，她刚来公司不久，那时候她是人力资源部的一个专员，刚上班就遇到美国“911 事件”，公司订单下滑比较严重，不得不裁员，从 700 个员工裁到 300 个左右。当时部门就让戴惠娟去负责这件事情。那时候是她参加工作的第一年，一点经验都没有。跟工人谈补偿的时候，工人不同意一开始时的方案，把她团团围住。后来大家达成一致意见，按照基本工资来核算进行补偿，但在核算的时候，她把补偿金额算错了，把岗位工资也算了进去，导致公司多花了差不多两万元，等到发现的时候已经发完了。当时戴惠娟心里就特别难受，觉得自己做错了事情，导致了公司损失，就找到武总说，是自己算错了，损失的钱就从自己的工资里面扣。其实那时候戴惠娟的工资也不高，每个月只有两千来元，但心里还是想着因为是自己犯错，就自己去承担，大不了每个月省着点用。

武总当时听了后就说了一句：下来再说吧。然后这个事就过去了，也没有对她进行惩罚。但用她自己的话说："这个事就让我特别的愧疚，以后做事就可认真了。这件事情可能现在武总都已经不记得了，但我一直记得，对自己是一种鞭策。所以其实看似别人给你的一种包容和宽恕，但这能够唤起你的责任心和内驱力。"

电控事业部研究中心总监李祥在谈到部门总经理郑泗滨的管理风格时说，有一件事情，郑总给他印象特别深刻：在某个项目出现重大问题，被客户投诉后，郑总第一时间不是责备大家，而是组织大家进行反思，寻找解决方案，整个过程心平气和，看不到他有什么焦虑情绪，更不会暴躁骂人，甚至连一句批评的话都没有。

"当时特别希望他能骂一下我们，因为确实是我们的问题导致了项目被重大投诉。就像一个做了错事的孩子，你已经做好了被父母劈头盖脸地骂的准备了，但等了好久，没有等到，反而是心平气和地、耐心地跟你一起讨论，一起商量解决问题，自始自终都没有责备过一句。那种心里的难受和愧疚其实更加让人印象深刻，还不如把我狠狠地骂一顿来得舒服一点呢。所以其实，这更能激起我们的责任心和担当，内心深处都会暗暗地承诺：以后再也不能犯这样的错了！”

**这就是包容的力量，允许试错的力量！**

作为领导，不要动不动就批评下属。有些领导看到下属犯错，动不动就批评，甚至伤人自尊，说出“你怎么这么蠢”“要你有何用”“这点事都做不好，你怎么想的”诸如此类的话来，这绝对是不可取的。一个好的领导，绝对不是天天批评人的领导；一个好的领导，一定是能不断地树立起下属信心的领导。如果一个团队里面的人一点自信都没有，整天唯唯诺诺、担惊受怕，不敢放开手脚发挥自己的能力，这一定跟领导有关系。如果一个团队里面的人都信心满满，每个人都很有自我价值感，那我们可以说这个团队的领导是一个好领导。

## 放权，让下面的人成长起来

我们每一个人都是独立的个体，都有自己的思想，从骨子里不愿意成为任何一个人的附庸，不愿意被人束手束脚地控制着，都有追寻个体自由和自我价值实现的诉求。发展心理学讲，我们人类从几个月大开始，就有尝试挣脱父母的管束，以探索外部世界来使自己成长的驱动力，出现各种在父母看来“不听话”的行为表现。

在管理上如何满足人的这种内在诉求，充分地激发由这种诉求引发出的驱动力呢？拓邦公司的答案就是——放权。

放权意味着你相信你选择的这个人，你相信他有能力，能充分发挥自己的聪明才智，能调动他所需要的资源做好事情；放权意味着包容，意味着你愿意给他试错和成长的机会；放权意味着你放下“家长”的身段，愿意站在他的旁边，看他在你提供的舞台上表演，而不是紧紧地抓着他的手和脚。

在这一点上，人力资源中心人才发展和企业文化高级经理陶泽政深有感触。他说，对于自己负责的工作，每年我们都会有自己的规划，跟戴总讨论确认后，我们就按规划往前推进工作，只有在我们对工作有困惑或遇到障碍或者需要突破的时候，戴总才会出面帮我们一起解决，绝大多数时候，戴总都会放手让我们自己去做。

“在这种情况下，我们会充分地发挥自己的本事和能力，主动地去思考怎么解决面临的各种问题，主动地想办法让自己的工作有亮点、更出彩，怎么助力业务部门、怎么更好地实现自己在业务价值链上的价值。这些都是自己的事，我们自己有责任担当起来，而且自己思考和推动做出来的东西，才会更能见证自己的成长，才会在每一次的成长中获得价值感和满足感。”陶泽政如是说。

作为管理者，一旦我们选对了人，接下来最重要的事，就是放权，放权之后各司其职，这样，人才能真正地成长起来。

在我们看来，管理人员不能总是替下面的人去思考、去做事，这样他们就会永远成长不起来。我们有一些中高层管理人员，觉得如果放权的话，下属有些东西可能做不好，可能会直接导致一些工作的失败。当然他们有他们的理由，但是从长远来看，要是没有培养起接班人的话，这些理由都不成立。

有很多事情我们是可以放手让下属去做的，下属这次可能没成功，但下次就有可能成功了。一个人可能有这样或者那样的问题，但是不走过这一段，就永远成长不起来。这个跟孩子的成长是一样的，很多父母怕孩子出问题，天天保护，到最后发现这个孩子成了温室的花朵，一旦日晒雨淋，就成了“问题小孩”。

人都是一步一步成长起来的，作为管理干部不能不让下属去学习。在一个团队里面，我们最担心的，是所有的事情领导都安排好了，那下属就不用动脑去想，变成了一个机器人，只负责按照上级的安排来执行就可以了。在管理上我们认为这是最为失败的一种管理。在这种情况下，可能我们的成绩暂时是好的，工作做得很漂亮，但是不代表我们明天、后天的工作也能做得漂亮，随着业务的发展，可能你的精力就跟不上了，你不可能永远帮着下属思考和安排所有的工作。只有让下属成长起来，我们才能够持续地把事情做好。

我们有一些管理人员不愿意放权，担心下属快速成长之后会取代自己，或者离职，实际上这是一种不开放的表现，他们不知道公司非常需要的是管理型人才、复合型人才，当我们把下属都培养起来后，我们就变成了一个管理型人才，绝对不会被下属取代。第二个问题是担心下属离职。如果员工在一个企业里有不断进步的机会的话，他们大概率是不会离职的。真正让员工不离职的，不是我们不让他们成长，而是我们能持续不断地给他更大的发展空间。如果员工已经成长到需要更大的平台和空间，而企业又不能提供的时候，那才是员工要离开的时候。所以在本质上不是员工想不想走的问题，而是我们的业务发展与员工成长是否匹配的问题，是我们的业务发展能不能给员工提供更大的空间、更多的平台和发展机会的问题。

我们希望公司的所有管理者都要真正理解什么叫放权。在拓邦公司，我们检验管理是否成功的标准，就是你的下属是否成长起来了，你的团队是不是很有创造力。这才是真正的管理。不然的话，只是你一个人在这里表演，你只把舞台留给自己，而没有给下属，没有让下属成长起来，那只能说你在某一些方面比较厉害，但不能说你是一个好的管理者。

# 不断进取，追求卓越

"求其上，得其中；求其中，得其下；求其下，必败。"

——《孙子兵法》

如果一个人停止了运动，这个人就离生命结束不远了。企业也一样，我们不能停下前进的步伐，而是要一直往前走，一直向前延展。

企业在不同的发展阶段一定会碰到不同的问题，每到一个阶段，都有新的问题冒出来，企业的成长过程，其实就是不断地解决各种新问题的过程。解决各种新问题的过程，其实就是不断思考、不断挑战自己、不断突破、不断进步的过程。这个社会前进得太快了，而且以后会越来越快，一旦你停下脚步，就有很大的可能要被淘汰，所以我们所有人都应该勇于去探索自己、探索前进的路，不断学习、不断进取、勇于突破。

## 高要求、高标准，具有工匠精神

我们曾经跟电控事业部的一个研发工程师聊天，因为我们看到每次公司创新创意评审的时候都有他的提案。我们问他为什么会有这么多创新提案，他说，其实他也没有刻意去创新，刻意去提提案，只是每次在设计、在做方案的时候，都想着怎样才能再优化一下，怎样才能再节省一点成本，怎样才能再提升一下性能，总之就是想做得更好一点、更完善一点。没有刻意而为，但提案自然而然地就出来了。

所以我们说一份工作、一个项目，做到 60 分算合格了，但是自己也能做到 70 分、80 分，甚至 90 分，关键看我们给自己的定位和对自己的要求是什么。很多时候完成任务是很容易的，但是能够把任务完成得非常出色，而且持续不断出色地完成任务，那就难了。

从这个角度来讲，不断进取、追求卓越应该是我们每个员工对自己的要求。非常认真地对待每一件事情，把每一件事情做到极致，这是对待工作的一种态度，也是对待自己的一种态度。

电气事业部暖通产品中心工程师谭工是空调行业里的第一代电控工程师，对工作一直精益求精。因为空调的环境试验、温度实验的测试周期比较长，一旦开始实验，很多时候都需要通宵达旦地跟进，所以谭工经常通宵工作，而且对每一个实验数据、参数都严格要求，不断调试。最后在客户参展的时候，我们看到客户宣传手册上的第一句话就是“高精度控制算法，频率精度可达1Hz，保证温度稳定、舒适、高效”。这就是对我们工程师工匠精神的极大认可。

工匠精神不只是对开发人员和技术人员的要求，对所有的员工都要求这样。比如随着部门新产品线的不断成长以及客户要求的不断提高，对前端采购的专业要求也越来越高，于是，微电事业部供应链总监郭银飞就提出“每一个前端采购都要成为所负责领域物料的专家”的要求，要求采购工程师每周上台给大家讲解物料和供应商情况，并解答大家的各种提问，从而多角度地、深度地打磨了每一个前端采购工程师对所负责物料及供应商管理的专业度。

除了我们的业务单元要成为所在行业的佼佼者之外，我们的职能平台，比如，公司研究中心，技术是不是行业里领先的？人力资源中心在人力资源管理领域是不是领先的？还有财务部、流程及信息中心等等在各自所在的领域是不是都是领先的？在行业里面一说出来，大家是不是都很敬佩，都向我们看齐？

所以我们每个领域、每个部门都应该有自己的追求和愿景，有自己的使命，给自己设立一个高于现有目标的目标，并竭尽全力在未来某一时刻达成。

我们很多人往往在取得一定的成绩后就觉得不得了了，开始沾沾自喜，这是人性的弱点。我们不能自满，在追求精进的路上，我们永远不要自满，不能骄傲。取得成功的时候，我们可以很快乐，大家一起去庆祝，但我们自己要知道，这只是一个阶段，我们还有下一个目标，还有下一个山头，还有更高的那座山峰要攀登。

## 让进步成为一种习惯

公司在进行考核的时候，有一条标准我们始终会坚持，那就是：进步性。我们进步了没有？进步是我们考核每个人、每个部门的一个非常重要的指标，这种进步除了横向地把每一位员工跟别人对比外，更重要的是纵向地跟员工自己比，看看员工今年是不是比去年进步了，在哪些方面有了进步，明年是不是比今年进步更大，这是我们公司一直在考核的和关注的。

实际上，这是在要求我们每个人要不断成长和学习，要不断地自我超越。自我超越不局限在工作能力和技巧方面，尽管它需要工作能力和技巧作为基础；也不局限在思维和视野的延展和开放方面，尽管它也需要思维和视野的成长。更重要的是一种状态，它不是被动地去响应工作的要求，而是主动地去思考和行动，是一种工作态度，甚至是一种生活的习惯。

就像我们在前文中提到的，我们每个人都有自己的使命，有自己的职业规划，而当下的这份工作是我们完成个人使命的一种方式，是我们职业生涯的一个阶段。所以对于进步性，最主要的是跟我们自己的目标比，跟我们自己的使命和愿景比。我们往往花太多的时间应付我们前进道路上的各种问题，每天埋头忙于具体的工作，以致忘记了我们为什么来到这条道路上，忘记了我们长远的职业规划或工作目标。所以我们经常讲，努力工作之余，也需要时不时地抬头看看前方，思考自己的目标究竟是什么，来寻找和确认我们进步的方向和动力。

成长和进步还需要我们不断地检视我们当下的现实情况，也就是当下的位置在哪里。当我们把愿景（我们想要的）和现实情况（我们现在相对于愿景所处的位置）放在一起来看的时候，就产生了我们所谓的“创造性张力”。

让进步成为习惯，本质上就是要求我们每个人都能主动地不断生发和保持创造性张力。把“现实”看成盟友，而不是敌人，保持深入探究的好奇心。

微电事业部市场部总监孙秀谈及事业部管理时深有感触。他说马总是一个目标感特别强的人，在系统化思维下，也有着很强的学习力。我们经常看到，隔一阵子马总的办公桌上就会有新书，而且他自己学习完之后，会把这些书的精华进行总结，分享给管理的团队，带领团队一起学习。整个微电事业部都非常强调以目标为导向，并且提倡马上行动，在工作中一旦发现问题，就会想尽办法快速地予以解决。

“去年公司整个中高层进行了几轮的探讨，在公司层面作出战略输出之后，我们部门就在思考怎么进行战略落地，包括如何落地我们的客户价值主张（敏捷·创新·伙伴）。那时候我们部门花了将近一个半月的时间，每个晚上基本上一有空，从晚上 6 点半到 9 点半，或者到 10 点这样子，马总就会组织我们部门管理层讨论怎么去落地。

比如说敏捷，应该怎么样把敏捷具体地落实到每个部门？每个模块怎么样体现敏捷？我们发现，从战略目标到执行是有差距的，那我们怎么样让现实往愿景和目标去靠拢？我们一起进行战略复盘，讨论和修正部门战略屋，来看这个过程中有什么问题，有什么好的计划，可以通过什么样的策略来解决等等。所以说我们会看到部门发展和战略实现的过程中一定会有问题，也就是现实和愿景之间的差距，但这个差距也是一种能量源泉：当我们面对现实，面对差距时，我们将思考如何系统性地、及时地解决问题。

这个过程其实就是不断地发现问题、解决问题，就是不断地刷新，不断地进化。”

让进步成为习惯，意味着我们要勇于突破自我，打破自己的舒适边界，学会从新的视角来看这个世界和身边的一切。这涉及我们每个人的心智模式或定式，这对有些人来说是很困难的。因为经验也好，性格也罢，都是我们每个人在成长过程中形成的，是相对比较固定的，改变心智模式，意味着极大的挑战。

就像小孩子饿了就哭，没有获得自己想要的玩具（资源）就吵闹一样，这是人的自然本性，但事实明摆着的：我们必须超越这样的自然本性，才能获得进步。和原始人类相比，我们已经发生了许多的变化，这说明我们完全可以在一定程度上改变我们与生俱来的本性，发展出新的性格。

对进步的追求需要我们不断地开拓思维，拓宽眼界；需要我们跟外界保持密切的接触，保持对新鲜事物的探索力，保持感知和探索的愿望。

公司在用人方面要不断地输入新鲜血液，公司的组织、流程、管理也要不断地根据业务需求进行变革。我们引进了大量的外脑来做咨询项目，引进了很多新的思想，在这个过程中肯定会有新旧人员风格的碰撞或新旧思想的碰撞，我们说这种碰撞不是非要西风压倒东风，或者东风压倒西风，只要是有利于公司未来发展的“风”，我们都鼓励，都提倡。

是自我局限，还是自我持续地成长？我们的选择是：自我持续地不断地成长，不断地进化，让进步成为我们每一位员工的习惯！

## 时刻不忘危机

记得在2013年的时候，《雁行者》内刊曾发表了一篇文章《你有危机感吗？》，引发了公司上下的讨论。

文章中讲了一个故事：有个工程师入职拓邦公司才4天，就向人力资源部提出离职，而且走得干脆，工资都不要，直接退工牌。这名工程师是人力资源部门费了好大的劲才招到的，当时公司做离职沟通，想挽留他，但他离职的态度很坚决，理由是：感觉部门太松散了，工作没有一点紧张感和紧凑感，实在无法适应，也不想去适应，他说如果长期待下来，适应了，自己可能就废了。

拓邦公司是一个非常人性化的公司，从这个“闪离”的故事中，我们似乎看到人性化管理与激情、危机意识的冲突。那我们提倡的人性化管理究竟是什么？我们提倡的危机意识又究竟是什么？

## 人性化管理不是不管理

很多人都喜欢拓邦公司的人性化管理，但不同的人对这个人性化管理有着不同的感受。有的人觉得人性化管理就是没人管我，适合养老；有的人觉得人性化管理可以给自己提供宽松的环境和空间，让自己更自由地发挥。

对于人性化管理，公司董事长武永强和人力资源中心总监戴惠娟有他们的理解。

武永强说：“人性化是文化的一种外在的表现形式，我觉得人性化应该是综合了健康、有追求、尊重和创新这几个要素。在我心中，我不喜欢像有些企业那样，让人在极大的压力下像机器一样工作。我一直将拓邦定义为一个具有自主创新能力的技术型公司，在文化和管理上，拓邦和纯制造型的加工企业也应该是不一样的。

拓邦公司的文化和管理应该是相对自由和宽松的，我特别希望大家能够在一种不压抑的气氛下，快乐地去追求有创意的工作。当然，这里面可能会有一种矛盾，过于宽松的文化，可能会导致压力传递得不够，可能会让人变得懒散，不求上进。所以拓邦的这种人性化对人的要求比较高，它要求我们的员工有较强的自律，能够自觉自发地去追求进步。”

戴惠娟说：“人性化的意思就是我们尊重人的天性，尊重你的向善、向上，你的独立、你的思想，是这些方面。而对于你的懒散、你的人性里的弱点，不仅是公司，我想社会也会有相应的机制去约束的，包括物竞天择的自然规律。所以我们讲人性化，讲尊重人性，并不意味着对你放任，不管你，这是两码事。”

在拓邦公司，整体来说，各事业部的负责人的压力感和危机感是很强的，各部门总监级的危机感也很强。我们需要将这种压力和危机感更有效地往下传递，需要在公司层面和部门内部形成一些机制，能够有效地将危机感自上而下地、不折不扣地层层传递下去，使大家都追求进步。

对混日子的人，该淘汰的就要淘汰。虽然公司倡导一种自由宽松的文化，但要求每个人都主动追求进步。天天混日子的人，对公司来说是一种浪费，对个人来说是更大的浪费。一个部门，如果有混日子的人，就会影响整个部门的积极性和效率，最后变成大家都在混日子。如果我们不淘汰混日子的人，市场就会毫不留情地淘汰我们。

**危机面前人人平等**

我们常常说，在中国，企业的平均寿命是2.5年；我们常常说，今年看着好好儿的一个公司，不期然地就轰然倒地了；我们常常说，员工年龄结构、中年危机，某某公司又要炒掉35岁以上的人了……

在所有的这些言论背后，都隐藏着一个词，那就是——危机！危机对每一个人、每一个组织都是平等的，它不会眷顾谁，也不会忘记谁，你忽视它的时候，它就会主动地找上门来，在你不经意的时候就给了你一记“懵棍”。

其实危机不是突然来的，它隐藏在你习惯了的日常行为背后。一个企业为什么会突然倒塌？那可能是因为对技术长期疏于投入，对品质长期疏于关注。一个人为什么会有中年危机？那可能是因为长期以来没有增值自己，对自己未来的职业规划没有危机意识，对未来的职场竞争没有敬畏之心。

电气事业部总经理彭干泉说：“做企业，做经营，可谓‘惶者生存’，惶惶不可终日。”用张瑞敏的话来讲，就是做企业几十年，他战战兢兢，如履薄冰。其实讲的就是在做企业的过程中，面临的各种风险是非常大的，市场竞争亦是十分无情。所以作为一个想要健康运营、永续发展的企业，拓邦公司一定要有很强的危机感，没有危机感的企业很容易被市场淘汰。

柯林斯和波拉斯在写《基业长青》的时候说，他们想总结成功的企业到底有哪些特别的共性。一开始他们认为是这些企业特别重视技术，或者说是特别重视管理，又或者说是特别重视营销，但是找来找去，最后找到的一个唯一的共性是什么呢？是都有很强的危机意识。

这个故事也印证了彭干泉说的“惶者生存，惶惶不可终日”的感觉。比尔·盖茨说微软离破产只有 18 个月，华为公司经常问自己：“下一个倒下的是不是华为？”这些都是非常典型的例子。

如果只是老板或者高层有危机意识，肯定是不够的。“千里之堤溃于蚁穴”，我们每个人都要防微杜渐，有危机意识。有个西方的寓言说，一个马掌掉了一个马钉，首先是失去一匹马，这匹马跌倒，就失去了一个将军，失去了一个将军就打败了一场战争，打败了一场战争，一个国家就灭亡了。看似细小的问题，可能会有意想不到的蝴蝶效应，而且问题积累多之后，造成的影响可能就是非常深远的。

像我们所熟知的一些案例，比如三株口服液的倒闭，三聚氰胺奶粉事件等等，都是小危机导致了大灾难。而很多由小危机引起的大灾难的背后，往往是对品质的不敬畏、对危机的不敬畏导致的。

所以彭干泉说："优秀的组织一定是要注入危机文化。如果拓邦的其他各种文化都很好，但缺少危机感的话，它是有风险的，而且是有大风险。"

## 感知危机，不断地主动突破

公司做 PCBA 行业的时间比较长了，我们最担心的是公司对行业变化、社会变化不敏感。现在技术进步非常快，可能我们还没有感知到的时候，人家的技术已经在悄悄发生变化了。像我们现在说的物联网、人工智能，实际上正在悄然地发生着变化，身处这个行业，我们必须打开身上所有的"传感器"，来感知变化，并为变化不断地主动寻求突破。

如果后知后觉，等到我们发现危机的时候，往往已经来不及了。所以我们这里讲危机感，首先是我们不要太注重眼前的一些利益，不要被温水煮死青蛙，觉得我们现在的业务挺好。很有可能过了几年，咱们的技术就已经落后了，甚至被取代了。所以我们还要持续深化对未来的考虑，加大对未来的投入。

2014 年的时候，公司董事长武永强列举过公司面临的五大危机：运营成本的持续上升、激烈的行业竞争、组织能力跟上时代的要求、技术更新、人员效益。

现在回过头来看，我们在应对这些危机的时候，一直在努力地寻求突破，并且到现在还在突破的路上。

比如，我们在惠州及全国各地乃至国外布局、建立运营中心；我们坚持“一体两翼”的发展战略；作为自主研发的行业龙头，我们持续不断地加大技术的投入、加大 ODM 项目的研发力度、加大开发高附加值产品；我们加强自动化和半自动化制造能力；我们调整人员结构，改善人员结构质量；我们近几年开展的 IPD（集成研发管理）咨询项目、STE（从战略管控到执行）咨询项目、ISC（集成供应链管理）咨询项目、知识产权保护项目、商业秘密保护项目，大量引进外脑帮助我们提升组织能力等等。

危机可以击垮一个人、一个组织，但危机也可以让一个人、一个组织获得新生，关键就看你是视危机为无物，漠视它、逃避它，还是积极地感知危机，正视它、化解它。

“路漫漫其修远兮，吾将上下而求索”。1998 年、2008 年、2018 年的经济危机，贸易战，行业的竞争，技术的进步，内部的危机，外部的危机，我们都经历过，或者正在经历。在拓邦公司的历史上，我们成立过很多事业部，也关停过很多事业部；我们有些产品线曾经辉煌一时，有些产品线也曾黯然失色；有些产品和技术曾让客户怦然心动，也有些产品未来得及走进市场就退出规划。在最艰难的时候，我们也曾考虑过要不就此作罢，分家散伙算了；在最艰难的时候，公司董事长武永强将自己的房子都抵押出去了。但面临着哪怕这么艰难的危机时刻，我们都走过来了。

在拓邦公司的发展历程中，我们经历了各种各样的危机。未来，也必然会经历更多意想不到的危机，不论是普通员工还是管理者，我们都需要始终保持危机感——下一个被关门的是不是我们？下一个倒下的是不是我们的产品线？下一个被辞退的是不是我？同时，我们也需要始终保持定力，不断地学习，不断地进步，不断地寻求突破，上下一心，探索出一条属于拓邦公司、属于自己的路！

# 成就客户

“同道而相益，同心而共济，始终如一，此君子之朋也。”

——宋代·欧阳修

“敏捷·创新·伙伴”，是拓邦公司的核心客户价值主张。

每一个企业都有自己的运营模式、盈利模式，有自己的核心竞争力，就是作为一个组织究竟是靠什么盈利、靠什么活着。我们在梳理公司战略的时候发现，“客户亲密度”是拓邦公司一直在追求的，我们致力于成为客户的敏捷、创新的亲密伙伴，我们靠给客户提供价值而活着，这跟我们的使命“用智能控制技术为客户提供价值，使人人受益”是一脉相承的。

## 成就客户、助力客户成功是我们的天性

拓邦公司是 B2B 的企业，我们的客户是企业，我们不成就客户，那我们靠啥活呢？所以客户是我们的衣食父母，我们对客户有天然的情感。

成就客户实际上就是成就我们自己，只有通过成就客户才能体现自己的价值。拓邦公司历史上成就了很多客户，有很多关于成就客户的精彩故事。

早期我们给海尔做滚筒洗衣机控制器的时候，市场上大多是像惠而浦之类的国外品牌的滚筒洗衣机，控制器技术也是国外的。海尔是国内最早生产滚筒洗衣机的厂商，最初他们找一家德国的供应商给他们提供控制器。整机产品做出来之后，因为价格比国外品牌便宜，所以在国内市场卖得很火，但是出了很多质量问题，因为控制器是一个需要定制化的产品，德国的供应商不了解当时中国的现实状况，在方案设计时没有考虑到比如电压不稳、环境比较潮湿等实际情况，所以就出现了大量的质量问题。

这时候海尔找到我们，我们就帮着他们一起分析，最后我们给他们出了一套控制器方案，海尔就用我们这个方案来取代德国供应商提供的方案，用我们的产品开始生产。

海尔跟德国供应商合作的时候，如果需要德国修改一个技术参数，德国供应商反应很慢，而拓邦公司反应却很快。德国供应商如果需要一个月，拓邦公司可能一天就搞定了，因为我们有一个工程师就驻在海尔那里。创新的方案，加上快速的响应、紧密的配合，使得当年海尔的滚筒洗衣机产品一下子就打开了市场。

因为首先是我们给他们提供了非常好的技术，双方配合非常密切；其次是我们的方案能满足定制化的需求，我们考虑到了中国现实环境的电压不稳、天气湿热的问题，我们的产品卖出去之后，没有任何的质量问题；第三是我们的供货速度非常快，当时国外的供货速度，从下单到发货要两个多月，而我们半个月就行了。所以那一年海尔的滚筒洗衣机卖得很火。当时我们算了一笔账，发现我们自己倒没挣多少钱，但海尔用了我们的控制器之后，在成本上就省了差不多 5000 万元。

当然，省成本这还是其次的，更重要的是什么呢？更重要的是，我们能够快速地供应市场，而且是第一个推出来的，并且就此奠定了海尔滚筒洗衣机的市场地位。这是海尔的故事。

还有很多美的客户。美的电磁炉产品现在的市场份额非常大，而从美的开始上电磁炉项目到开发电磁炉，直到电磁炉上市，我们都全程参与。从试产到成熟，再到大批量生产，一步一步改进，到最后成本一步一步下降，整个过程，都是我们陪着客户一起完成的。

这个过程也奠定了美的在整个电磁炉市场上的老大地位。

类似这样的案例太多太多了。我们一路走来，其实就是成就客户、助力客户成功，就是在用我们拓邦公司的价值帮助客户走得更快、更远。

我们的某个客户，在做某个吸尘器项目的时候，最初找的是我们的竞争对手，当时竞争对手已经第一次送样，已经到了 EB（工程样机）阶段，但是客户发现他们的技术满足不了产品的需求，于是找到了拓邦公司。

当时我们接手得比较突然，客户找我们，是因为发现我们在 IoT（物联网）方面的能力，要优于之前那家供应商，所以就尝试让我们来做。我们介入的时候，竞争对手好几个月前已经走在我们前面。

“这个项目的价值在客户心目中的份量不小，客户非常重视，所以我们就想着一定要帮客户把这个项目做好。最后通过我们的努力，达到了客户的需求，实现了各类功能要求，现在项目已经成功进入正式批量阶段了。我们是直接用我们的一个技术专利，让客户看到我们的技术的确是优于他们最初选的那家供应商的，特别是 IoT 技术方面。这个项目也让客户相信，拓邦除了有能力帮他们把项目做好之外，也有能力完成交付，帮助他们快速上市，在市场上获得成功，客户也就更放心地把他们更高端的项目交给我们来做了。”电控事业部研发总监李祥说道。

成就客户，跟客户保持亲密度和黏性，不仅仅体现在我们在业务知识、技术和产品上帮助了客户，助力客户的成功，还体现在我们对客户的天然情感和爱上面。

我们有部分人在对待客户的时候很功利，客户给我项目的时候，我就跟他们联系；客户不给我项目的时候，我就对他们爱搭不理的。这不是真正的成就客户的心态。

我们的行业特点注定了我们跟客户合作的周期很长，所以在客户心中，我们一定是值得信任的，不单单是产品、技术、供应链等专业能力值得信任，还有客户经理、项目经理、技术人员等等，即客户接触到的拓邦公司的每一个人都是值得信任的、靠谱的，只有这样，才谈得上信任这些专业能力、这些人背后的这家公司。

所以我们对客户真诚的爱、真诚的关怀在这里就显得特别重要，这种爱和关怀是天然的，不矫作的，是一种平等的关系，是一种不会给客户压力感的关系。

**成为客户的战略伙伴**

我们在做项目的过程中会遇到竞争对手，或者客户原本就有稳定的合作供应商。从客户角度来说，我们是方案提供商，是需求的实现者，但这样的“我们”千千万万，客户凭什么选择拓邦公司呢?

公司电控事业部在与W客户合作过程中，有一个搅奶器项目，这是我们跟该客户合作的第一个ODM项目。经过内部开发团队的努力，我们很快通过了功能验证，功能验证完了之后还要进行市场验证。客户说先投放市场一年半载，看看反应怎么样。经过各方面的验证后，发现我们的成本低、性能好，而且市场返修率也很低，所以客户就比较认可我们。

但后来做第二个搅奶器项目的时候，客户就想着搅奶器项目的份额都放给一家供应商做也不好，所以当时客户就说："我们这个产品要是只给一家供应商做，出了问题也很危险，而且现在这款比第一款要更高档，之前是在德国做的，现在想转到中国来做，份额也比较大，全年都不停产，所以我们不想把鸡蛋都放在一个篮子里面。"然后就找了另外两家供应商 A 和 B，说我们把设计规格都给你们了，你们三家 PK 吧，一个半月后，你们拿出自己的方案，谁的方案好我们就给谁做。

这种场景，在我们跟客户合作的过程中，实在是太常见了。

我们回公司后就迅速成立了项目小组。客户把规格、要求发给我们，结构件也给了，一个半月的时间，就看哪家公司能抢先交付合格样品了。当时开发团队的所有人都非常清楚这个客户、这个产品对于我们的意义，几乎不用去宣导，大家就能做到为攻克技术难关而自觉地加班加点。

一个半月的时间对于当时的开发团队来说，是非常紧迫的，每个人的目标就是既好又快。有些工程师为了项目任务，主动推延了假期，大家都非常团结，想着我们答应了客户，就得如期把样品交给客户。

后来三家供应商都去客户现场装机测试，A 供应商直接就没做出来，B 供应商的产品功能虽然勉强实现了，但存在飞线的不稳定性问题。我们拓邦公司设计的方案，充分考虑到了产品结构、位置摆放等问题，即便客户给的时间很短，但我们在交样前还是经过了内部的多次测试验证，打过去的样板跟批量做的差不多，摆放的位置也非常好，一个飞线都没有。

后来客户的工程师拿到我们的产品后说，看到你们的产品后，之前的产品都不想装了，想直接切换你们的产品。客户把 B 供应商和拓邦公司的产品寄给德国总部抉择，德国总部最终选择了拓邦公司的方案。

后来在复盘该项目的时候，我们认为，拓邦公司能在竞争中胜出的原因在于，我们对客户、对项目极度重视，所以做了各种万全的准备，在交样前就已经测试好了摆放位置，产品全程不会跳线、不会报故障、不会出现死机。就这样我们拿下了客户的独家供应权，成为客户的战略伙伴。

**战略伙伴关系是双赢的关系**

在跟客户合作的过程中，我们为客户提供和输出了我们的价值，客户也给我们输出价值，助力我们的成功，这就是战略伙伴的意义。

我们的T客户，第一次来拓邦公司审厂的时候，拓邦公司是不合格的。当时客户认为我们可能还需要再发展几年。然后我们就一直跟进，和客户保持着联系，没有放弃。后来随着我们实力的慢慢提升，客户再次来审厂的时候就表示，我们可以做一些项目来开展合作。

对于当时合作的情景，电控事业部研发副总监宋家普印象深刻。他说：“当时我们跟T客户合作的第一个项目是一个整机项目——荧光灯测试仪，那也是我们电控事业部进行战略规划转型后第一次尝试做整机，以前从来没有做整机的经验，所以当时也很头疼，怎么做呢？心里也犯嘀咕能不能拿得下来。但T客户在行业的地位，对于我们来说具有重要的战略意义，我们必须拿下来！所以我们当时就专门组建了项目团队，给团队专门配置了两个结构工程师，就想着一定要拿下来这个项目。

当时客户也给了我们很大的协助，他们的优质供应商资源也给了我们，还派了技术人员来协助我们。大家一看客户这么给力，我们还有什么理由退缩?！我们也很想证明自己可以，不能辜负客户的信任呀！就这样，我们从无到有地去尝试，去学习，一次次的失败都没有影响我们的斗志，我们虚心地请教、努力、完善，最后做出来的整机得到了客户的认可。

客户说你们拓邦公司挺不错的，你们有一种好学的文化，而且整个拓邦文化不排外，很能接受外界的意见，能包容并蓄，吸收别人好的东西。还有我们服务客户的积极心态，给客户提供价值的这种理念，包括我们项目团队在整个开发过程中的拼搏精神，以及我们对品质的极致追求，客户都很认可。

第一款整机做完之后，后面紧接的项目就开始有更多的可能性了，与客户的合作陆陆续续在延展，包括蓝牙音响、工具灯、手电筒等整机产品，我们配备的整机结构工程师团队也越来越强大，资源和能力都在同步往上提升，我们的目的就一个，就是成为客户的战略伙伴，提升客户满意度。”

宋工（家普）笑着说：“有意思的是，我们在力争客户认可、努力成为客户战略伙伴的同时，自身的整机业务也得到了迅速发展，看似被客户要求折磨得精疲力竭，实则是无形中让自己得到了提升，可谓双赢。”

## 信任是战略伙伴关系的基石

客户对我们最大的信任不在于合作项目的多寡，而在于客户是否选择我们去匹配他们的发展战略。换句话说，是否与客户建立战略伙伴关系，关键是看我们是否匹配客户的发展战略，或者说客户是否匹配我们的发展战略。

电气事业部前些年新开发的一个客户，在引入阶段时，该客户在行业里排名第三。在跟他们接触和交流之后，我们发现，他们公司的文化还是比较拼搏上进的，他们希望可以往前再走一步，可以做到行业领头羊，因此我们认为这个公司应该是有发展前景的。

在跟他们进行了一些初步的合作之后，我们看到，他们在电子技术方面的实力并不是很强，所以他们对提高电子技术的实力有着比较强烈的渴望，而拓邦公司刚好在 PCBA、电路板研究这些方面有非常强的硬件和软件能力，所以当时双方高层沟通后就产生了很强的合作意愿。

当然，他们也说先合作几个项目考察一下。很快，两个项目合作下来，他们非常满意。一方面是我们的技术能力确实不错，我们积累了丰富的经验；另一方面是我们的快速响应做得很好，对于交付以及新产品开发的反应都比较快，尤其是在 OEM 项目的开发方面，在同行里面反应是比较快的，质量也很稳定，方案的性价比也很高。

电气事业部海外销售总监邓敏勇谈到："其实这些来源于什么呢？来源于我们坚持技术具有价值。我们的这些价值观是相通的，因为前面坚持技术具有价值，积累了很多相关的技术经验，后面才能更好地服务客户、成就客户。如果没有前面的积累沉淀，你想成就他有时候也是不现实、不太可能的。所以刚好他想要的技术和开发能力，我们也都有，就算可能有一些还欠缺，我们也可以及时地去补充，不至于一片空白。"

基于我们的技术平台，电气事业部在这两年与该客户的合作非常紧密，销售额也在稳步提升，成长非常快。这个客户以前的一些小一点的合作伙伴，慢慢地都被他们抛弃了，他们选择了拓邦公司作为他们的核心供应商。

一方面，目前客户自己的市场份额稳步提升，某些产品线从行业第三变成了行业第二，有一些甚至已经做到第一；另一方面，相对应的，拓邦公司也有了比较好的发展，所以成就客户就等于在成就我们自己，成为客户的战略伙伴，其实就是在相互成就。

**深刻理解客户需求**

我们看到，在一个个的项目合作中，我们是如何“成就客户”的。其实这四个字也处处体现在我们的工作中。比如客户来了，你有没有提前准备好接待的事情？有没有准时到达接待地点？你去见客户，有没有迟到？服装正不正式？态度是不是自信、谦逊、虔诚？有没有真正从客户的角度理解客户的需求，并满足客户需求？有没有贴合客户的需求提供解决方案等等。

聊到“成就客户”这个话题时，电气事业部总经理彭干泉曾说：“‘成就客户’不是挂在嘴巴上的，对客户的事情，我们要能深度去理解。”

比如，客户几乎每年都会将降低成本的压力转嫁给我们，很多时候我们可能会通过牺牲自己的一些利润，或者找供应商商量材料降价，或者提高生产效率等等方式，来满足客户的这种需求。我们进一步思考，了解客户降价的原因，想透之后，再从拓邦公司的角度来考虑我们应该怎样应对才能既满足客户的需求又不损害拓邦公司或上游供应商的利益。客户降价的原因，可能是为了完成利润指标，那我们是不是可以通过技术创新，或者其他方式，帮助客户提升市场竞争力，进而提升其利润空间？在成本管理允许的情况下，我们是不是还可以基于战略考虑，在客户提出需求之前，我们就主动让利、主动降价？

我们知道，客户给我们订单，可能会从这么几个层面考虑：第一个层面，我现在需要这个东西，你恰好有；第二个层面，我现在需要这个东西，你有，别人也有，那可能你具有成本方面的优势，或者你具有人际关系等其他方面的优势，或者其他什么优势，反正你具备别人不具备的一些优势，让我选择了你；第三个层面，我现在需要这个东西，只有你有。

其实，真正能让客户跟你建立起紧密关系的，一定是你给客户带来的价值，和你的核心竞争力的提升，这才是长期亲密关系的根基。如果客户只是照顾你，感觉你这个人好像还不错，就照顾一下你的生意，给你点订单，让你挣点钱，这种关系绝对不会长久的。可能跟你关系不错的人在的时候能维持这种关系，但是，如果这个客户换了领导，他要照顾另外一个朋友，那时可能就没你什么事了。

我们PCBA属于定制化产品，是整机里面最复杂的部件，涉及很多的器件原材料，是一个集成的产品。器件供应商很多，我们把这些资源整合进来之后，再把它做出来，交付给客户，这个周期是比较长的，也存在着很多不可控的因素。所以往往作为一个整机的交付，时间周期最长的部分就是控制器，这也一直是整机厂商的核心痛点之一。如果我们能够缩短交付时间的话，客户的竞争力是不是就会提升？客户周转快了，就有可能比他的竞争对手更快地接到订单，更快地交付，更快地响应市场需求，更快地抢占市场先机。

所以我们的业务部门也好，职能平台也好，所有的工作都应该基于这样的需求观念来开展。客户来了，他的需求是什么，他的痛点是什么，你能帮他解决什么样的问题等等，所有的工作都应该围绕这些来做。

公司现在推行的ISC项目，就对提升我们在客户端的价值有着极大的帮助。经过两年的沉淀后，现在来看，我们的微电事业部在供应链方面做到什么程度了呢？做到了半个月的生产计划不再变化！这说明什么？这说明我们给客户的交付有保障了！我们还会持续不断地缩短给客户的交付时间。

我们有些人员有时候还停留在搞定客户这个层面上，所谓的搞定客户，就是说我搞定了某个人，或者是在某个环节上获得了暂时的优势，就满足了，有订单了就觉得可以了。这其实是没有时时刻刻去做客户的满意度调查，去真正地了解客户更广、更深的需求，没有时时刻刻站在客户的角度来看，在客户的需求面前我们自身的价值究竟在哪里。

我们认为，真正厉害的、高端的客户关系，不管是销售人员、研发人员，还是供应链人员、品质人员、制造人员，都一定是对客户的需求有着敏锐的洞察。

在这方面我们也有很多教训，一开始客户对我们满意，我们获得了订单。再过一段时间客户对我们不满意了，这个订单就被别人抢走了。这其实是因为有时候我们觉得好像获得订单了，就万事大吉了，没有技术、没有综合的优势条件，没有根据客户的需求及时地调整和提升自己的优势，没有阶段性地满足客户的需求，解决客户的痛点问题，不知道客户的需求其实就像我们人的需求一样，永远是在调整着的、变化着的，不断地有更高的要求和期望。

就好比我们人在很饿的时候，吃了一顿包子，可能就觉得好满足。但是吃了几顿包子之后，可能就会说我还想吃点烤鸭，吃点更好吃的东西。一个人在吃饱后，可能就想着我要穿得更好点。这就是需求，人性的需求，客户的需求也不外如是。

所以说客户要真正地认可你、接受你，长期跟你合作，一定是客户认为你能够给他带来长久的、战略性的、别人无法轻易替代的价值。要能带来这种价值，要求我们要能深刻地理解客户的需求，解决客户的痛点问题，要能帮助客户打败他们的竞争对手，帮助客户获得消费者更多的认可。

我们认为，所有不能深刻理解客户需求、满足客户需求的合作，都是暂时的，都不是我们真正想要的！

**客户思维就是以“事”为牵引的工作思维**

“我常跟我们后端的同事说，你们要多体恤前端销售的艰辛，从意识上去转变本位主义的认知，前端销售有时候着急，是因为接收到客户端的急迫信息，我们要以客户为中心，就要理解前端销售和客户的难处，先接受，再做分析，不要一开始就进行情绪对抗。”电机事业部总经理秦丽说道。

有时候客户提出需求，在我们满足不了或者做不到很好的时候，有些同事可能就会下意识地认为客户是不是在故意为难我们，或者在故意打压我们、考验我们。

最常见的例子，就是在产品的开发设计过程中，我们很多时候都需要不断地配合客户去改，尤其是在客户对自己的需求可能也不是很清晰，他们自己也在试错的情况下，会发生很多的变更或者升级，往往改到最后，如果我们没有辨识清楚客户的真实情况的话，就有可能认为客户是在故意为难我们，我们可能就会打退堂鼓，而且内部也会因为这种情况激发矛盾，引发各种争执、各种抱怨。这时候很多事情就变味了，表面上大家好像还在努力地相互配合，但这种配合其实已经包含了情绪劳动，已经远离了“理解客户需求，成就客户”的基本出发点。

公司提倡的客户思维，其实就是以“事”为牵引的工作思维。我们经常说做事情，要以“事”为龙头，因为牵引我们所有人所有行为的，就是这件“事”，而不是其他东西。

就好比2017年我们惠州产能转移的事情，这是一件“事”。我们在惠州哪一天要试产、要生产？两年内要实现转移2亿元的产值，所有的部门都要围绕这件“事”，以及这件“事”的目标来开展工作，而不是围绕哪个负责人的要求来做事。所以我们跟基建的前期工期进度的配合，跟各个事业部搬迁计划的配合，还有要配置什么人，如何解决工人的招聘问题，如何吸引原来深圳的人才过去等等，所有的工作，都要围绕这件“事”来开展。

这件“事”，可能会有一个牵头人、一个总的协调人，但他不一定是总的负责人，所以不是说我不在你这个部门我就可以不听你的，你不是我的领导我就可以不听你的，而是事情是你的，你就应该去做。

**我们认为，在“事”面前，人人都是领导，人人都有权力和责任推动“事”往前走，推动“事”的顺利完成。**

所以说，我们内部的“事”是一件“事”，所谓的服务客户其实也是一件“事”，要成就客户，就要有这样的理念和意识。拓邦公司在做大客户服务的时候，很多事业部会成立专门的以某客户为中心的服务团队，团队成员可能由横向的好些部门的人员组成，包括研发、产品、市场、销售、品质、供应链等等，可能会在组织架构上产生一些变动和调整，当中可能会有项目负责人，这个项目负责人就是服务好相应客户这件“事”的协调人。团队中的每一个人必须围绕服务好客户这件“事”，充分发挥自己的主观能动性，来配合整个团队开展工作，主动地响应这件“事”提出来的各种需求。

每个部门可能有自己的规则，有自己的理由，但市场不会管你这些东西的，你没有做好，就会丢掉客户，丢掉市场，就这么简单，没有什么可说的，市场不会给你那么多解释的机会。

所以我们提倡以客户为中心，成就客户，就要摒弃本位主义，摒弃官僚思想，摒弃做事情时强调职级高低的不良作风。不是说你是基层工程师，就不能要求部门负责人；我作为管理干部听了你一个小兵的就掉价了。没有这种说法！在拓邦公司没有什么小兵大将的说法，这件事是你在前端，你提出的合理要求，所有人必须无条件满足！

# 共同发展

“与子同袍，与子同仇；与子同泽，与子偕作；与子同裳，与子偕行；与子同德，与子共赢。”

——《秦风·无衣》

“拓邦是我的，也是你的，拓邦属于每一个为拓邦的健康发展而奋斗的人，它不是某一个人的私有财产。

拓邦是一个平台，是我们每个拓邦员工释放天性的一个舞台和载体；拓邦是一个鲜活的生命体，每个员工就像这个生命体的细胞，我希望这个生命体和里面的每一个细胞都是健康的、茁壮成长的。

拓邦还是属于这个社会的，是社会的一员，是社会这个大生命体的一个细胞，我希望拓邦这个细胞能为社会这个大生命体的健康贡献属于自己的能量。”

公司董事长武永强这样说。

## 让公司成为员工实现个人使命和成长的平台

我们特别希望看到，拓邦公司的每一个人，每年都在成长。如果这个人两年前是这样，两年后还是这样，十年前是这样，十年后还是这样，没有什么改变和进步，这是公司最不希望看到的。我们认为这是公司没有尽到责任，公司要发展，公司里面的每个人也要发展。我们希望看到的是这个人在拓邦公司几年后，他的能力得到了很大的提升。

我们选拔干部有一个不成文的原则，那就是优先把机会给内部愿意成长、愿意努力的人，让内部有能力和特质的人去担当。虽然一开始可能不行，但是通过不断锻炼，这个人就会成长起来，到最后，我们每个人都会成长为某个领域的人才。但是，也有很多这样的人，公司给他机会，他不去成长，不去努力，这样的人是会被淘汰的。所以公司希望的是共同成长，让公司成为我们每一个员工实现个人价值使命和成长的平台。

拓邦公司里有很多人都是在这个平台上跟着公司一步步成长起来的，像三大事业部的总经理——彭干泉、马伟、郑泗滨。彭干泉、马伟最早来公司的时候都是研发工程师，就像我们现在的很多程序员一样，每天忙着做项目，捣鼓硬件，编写代码；而郑泗滨最早是公司财务部门的会计。

还有人力资源中心总监戴惠娟，十多年前刚来公司的时候，是综合管理部（当时还不叫人力资源中心）的一名人力资源专员，什么杂活都干，招聘面试、培训讲课、调档送资料等等。那时候综合管理部在公司的地位不高，招人也不好招，但是她很努力，有时候很晚了还能看到她和几个人在一起商量事情。还有董秘文朝晖，原本是一名化工专业的毕业生，到公司后做财务，从财务最基础的岗位做起，逐步做到财务主管、财务经理、财务总监，再转型到董秘，这个过程伴随着整个公司的发展，也承载了她个人的付出和成长。还有基建工程经理侯劲松，从最初公司建工业园的监工，到今天承担着全国各地乃至海外运营基地的建设任务，让基建也成为公司的竞争力之一。现在因为海外工程的需要，侯劲松正在学习英语，还在不断地学习，不断地进步。

还有很多公司的核心骨干，像电控事业部制造总监董腊树，最早是做测试的，现在管理着上千人的队伍，将来还会去印度管、去越南管，未来可能还会去欧洲管、去非洲管；还有微电事业部销售总监张勇，最早来的时候是一名普通的销售工程师，现在管理着十几亿元的销售额，将来可能还会管理几十亿元、上百亿元等等。

公司有太多太多这样的成长案例，在拓邦公司这个平台上，这些愿意成长的员工充分发挥自己的聪明才智，不断成长，实现着自己的价值。

“我的理想就是，希望能陪伴着拓邦做到几百个亿，成为一家伟大的公司。等到那一天的时候，再回过头来看，我也是跟着拓邦从小一点一点做到大的，拓邦也是融入了我的价值和贡献的，我在拓邦的平台上也得到了长足的发展和成长，我就觉得特别的心满意足了。”人力资源中心总监戴惠娟这样说道。

公司坚持每年招聘大量的应届毕业生，尽管有些岗位流失率还比较大，但我们这么多年来一直在坚持。

微电事业部研发总监梁峰每次谈到应届毕业生在公司的成长问题时，都非常自豪。他说：“有很多应届毕业生经过几年、十几年的成长，现在已经成为了我们很核心的骨干了。”他列举了很多应届毕业生成长的案例，比如杨小玲，一毕业就进入拓邦公司，到现在已经成长为了年产值十几亿元的产品线负责人，非常优秀。还有很多应届毕业生也成为了各个领域的技术负责人。

其中有一个黄工的案例很有意思。他是学地球物理学的，当时招他的时候，梁峰就有点犯嘀咕：学地球物理学的干电子行不行啊？于是找黄工深聊了一次，黄工说自己很有兴趣，愿意试试。梁峰就让他试试。

梁峰先把他安排在实验室做测试，给他指派了导师，给他看原理图，学习新的东西，结果发现他的学习力还蛮好的，便开始给他做迭代性质的项目。他的导师说，黄工很拼，给他讲了原理图之后，他就自己加班加点地学习，看原理图搞电路，然后第一个迭代性的项目就被他很快做出来了。后面就尝试给他做一个全新的项目，发现他上手也很快，仅用一年时间，就可以逐步独立担当项目了，非常不错。现在他已经是部门某个技术平台的负责人了。

所以我们非常愿意把机会给愿意成长的人，让公司成为他成长的一个平台。就像微电技术中心总监陈金舟博士说的："其实每个人都有成长的期望，他今年是助理工程师，就会希望两年后成为工程师，再过两年成为高级工程师，或者项目主管，那公司要做的，其实就是给他们提供这种成长的机会和平台，让他们能在这里不断地挑战自己，成就自己。"

我们希望每个人都跟随着公司不断成长，这样我们的人生在不同的阶段就有着不一样的精彩。

**如果员工是自己成长的第一责任人，那么领导就是第二责任人**

公司需要不断向前发展，对于人员的要求，尤其是对于管理干部，我们不提倡做"独狼"。虽然一个人在某一方面比较突出，给公司带来了很大的利益，但"独狼"的能力毕竟是有限的。当一个人到了一定的高度，无法再继续独自攀登，需要其他人协助的时候，转身一看，发现团队还在原来的位置，那么我们说这个时候团队的成员其实是没有获得足够的成长的，这对管理干部的管理来说，其实是失败的。

## 做 leader，不做 boss

在团队中，对于管理干部，通常有两种叫法：一种是 boss，即老板、上级的意思；另一种是 leader，即领导者、引路人的意思。我们更倾向于后一种叫法。

管理干部，尤其是部门负责人，首先应该是一个带头人、引路人。他应该把方向、目标定好，并且身先士卒。

2011 年，郑泗滨从公司财务总监岗位转到电控事业部总经理岗位，从一个职能平台转到业务部门，是一个蛮大的转变。当时电控事业部的头部客户销售额几乎占了整个部门销售额 70% 的比重，而且九成以上是 OEM 项目和产品。而就在郑泗滨刚接手电控事业部业务不久，该头部客户出于自身的战略考虑，给拓邦公司的订单锐减，这对郑泗滨来说压力是非常大的，当时电控事业部人员的士气也受到极大的影响，部分核心骨干开始动摇，有的甚至离职。

于是，郑泗滨不断地思考电控事业部未来的方向，电控事业部到底要走向何处？客户结构、产品结构应该怎样才是健康的，对电控事业部的发展才是最有利的？经过思索和跟公司高层不断探讨后，电控事业部确定了后续的发展方向：从以 OEM 为主的模式向以 ODM 为主的模式转变，不断加大 ODM 项目和产品的比重，提升其竞争力，谋求电控事业部的转型。

转型是痛苦的，但郑泗滨就此指明了电控事业部未来的方向，并且非常坚定地带领整个电控事业部的团队布局业务领域，调整客户结构，更加重视前端研发管理，引进优秀研发人员，改善人员结构，前瞻性地引进整机项目，经过两三年的持续运营和转型期，电控事业部的业绩开始复苏，大家又看到了希望，人员士气变暖，状态更好了。

人力资源总监戴惠娟曾先后管理过好几个事业部，像早期的安防事业部、汽车电子公司，以及后面的 LED 事业部、移动电源事业部、新能源（锂电）事业部。每当原来的事业部总经理离职的时候，一直到新任总经理到岗前，都是戴惠娟代为管理，而每一次管理事业部都让她对业务的理解更深刻，对职能平台的工作思考更深入，对以后工作的开展也更有利。

2016 年，新能源（锂电）事业部的总经理离职后，戴惠娟代为管理该部门。公司投入了大量重资产做锂电产业，但在动力市场上却迟迟没有突破，库存堆积，运营了近十年都不能带来收益。部门员工也很困惑，不知道部门该何去何从，不知道自己什么时候才能像其他部门员工一样可以从公司的发展中看到自己的价值，找不到价值感和成就感。

戴惠娟接手管理后，与公司高层反复讨论新能源（锂电）事业部的发展方向，最后果断从动力市场向储能和小型动力市场转型。在方向清晰的基础上，新任总经理袁志巍正式上任后，在储能市场上做了进一步细分，最后瞄准了两个比较大的市场——通信领域储能和铅酸电池替代市场。

随着部门未来方向的越来越清晰，新能源（锂电）事业部在这两个市场上取得了良好的突破，这一转型对新能源（锂电）事业部的发展来说具有重要的意义。自 2018 年开始，新能源（锂电）事业部的营收每年翻一番，并在 2019 年前三季度就提前完成了 2019 年度的业绩目标，也基本宣告转型路上取得了阶段性的成果。

对员工来讲，一方面是我们自己要成长；另一方面是公司的发展给我们提供了一个可以成长的空间，给我们相应的待遇和认可，我们就会获得一种自我认同感和满足感，然后才有可能发展得更好，给公司贡献更多的价值，使公司发展得更好，公司发展好了，就会给大家带来更好的平台，回馈大家更多的福利待遇和机遇，这样就形成一种良性循环，相互成就。员工的发展离不开公司的平台，公司的发展也离不开员工的奋斗和奉献。

所以作为 leader，要成为部门和员工的引路人，给大家方向感，这样才能带领整个部门和团队不断向前、不断成长。

### 做好员工的导师和教练

对于管理干部的教练能力，电气事业部总经理彭干泉打过一个很形象的比方，他说：“我们讲一个人的能力很强，一般的人是一头两臂，你可能有三头六臂，一人抵三人，或者哪怕抵五人，那你其实可能最多也只能抵五个人就已经到极限了。但是如果说你具有复制能力，像孙悟空一样的，你拔一根毫毛，就能变成千万个孙悟空，这时候你的战斗力比几头几臂就会强太多了。”

公司董秘文朝晖说：“拓邦的管理干部应该要无条件、毫不保留地教自己的下属。”管理干部做得很到位的一个状态，就是他在和不在，对这个团队的业务都没有什么影响；如果说他走了，业务就出现问题了，这是这个 leader 管理的失败，他没有把人培养出来，没有把体系搭建好。管理干部管理的是公司的资源，而不是个人的资源，他走了，除了带走自己的能力之外，不应该带走任何公司的东西，这是我们对一名称职的管理干部的要求。

我们有些管理干部没有自信，觉得教会了徒弟会饿死师傅，这其实是心胸不够开阔的表现。你把自己所有的徒弟都教好了，说明你的管理能力很好，当公司有更大的平台和机会的时候，就会更多地考虑到你。如果团队里面除了你的能力很棒之外，其他人都不行，团队离不开你，就算公司有其他的发展机会，因为你走不了，所以机会也不会给你，你的发展也就受限了。

当然，作为导师和教练，我们往往有我们的专长，可能是专业能力很强，也可能是思维能力很强，这些都是可以教给下属的。不是说我们什么都要懂，将我们懂的东西教给下属就可以了。

作为导师和教练，我们还可以营造整个团队进步的氛围。微电事业部技术中心在开发某个项目的时候涉及一些技术，该技术领域涉及比较多的技术知识，当时整个团队都没有这方面的经验，属于零起点。部门总监陈金舟博士当时就想了很多办法让团队成员快速成长，比如通过组织大家讨论，看看里面有哪些模块需要学习，然后安排技术人员分头学习，每个人负责研究一个模块，每周六大家一起互相培训，整个团队一起成长。

就像戴惠娟说的："一棵树的生长，总得浇浇水，总得施施肥，需要园林的培育，有了好的环境和土壤，它才能够生长得好。然后他们一棵一棵长好了，长成参天大树了，自然也就能回馈你一大片生态化的森林。"

### 员工与岗位的关系，是高度匹配的关系

2012 年的时候，有一个项目主管找到公司人才发展及企业文化高级经理陶泽政，气急败坏地说：陶工，麻烦你跟我的领导讲一下，我实在是不愿意当这个项目主管了，跟领导申请了好几次了，但他好像不太能理解我的感受，总说你再试试你再试试，但我实在不想再试了，还是让我回去做我的技术开发工作吧。这个项目主管很无奈地"抱怨"：人实在太难搞定了，我都不知道他什么时候因为什么事情就不高兴了，就消极罢工了，这不像搞开发，搞不出来了我还可以把板子扔在一边不理它也就算了，但人不一样，我还不能不理他，搞不定搞不定，实在搞不定这些人。

我们讲“学而优则仕”，在职场用人方面，我们也往往是“专而优则管”。很多时候，在规划员工的职业发展的时候，我们往往喜欢一股脑地把员工往管理的道路上塞，觉得专业做得好了，管理也一定是可以的。而且我们不少员工因为受“当官”思维的影响，也都有往管理路上钻的意识。

其实我们每个人都有自己的特质，有自己的特长，有的人适合走管理路线，有的人适合走专家路线，有的人适合走经营路线，虽然我们也强调人才发展的可能性和可塑性，但从特质的角度来说，确实不是什么人都能做管理，也确实不是什么人在技术上都能成为爱因斯坦，而且我们也不需要在所有的岗位上都是爱因斯坦。这就是我们讲的职业选择要匹配职业气质。

就像前面说的那个项目主管，经过评估后，我们将他调离了管理岗位，让他回到技术岗位。后来，他在技术上不断精进，成为了技术大牛，在技术领域给部门带来了巨大的价值。一方面他个人获得了良好的发展；另一方面部门也获得了他良好发展后的价值。双赢。

所以，一方面，员工需要对自己的职业选择承担责任；另一方面，作为管理干部，我们有责任深刻地认知自己团队成员的特质和能力、潜力，把员工和岗位做高度的匹配，充分挖掘团队成员的优势，把人用活，当一个人被用活了之后，他脸上的光泽都会不一样。

一个人原本在他擅长的领域可以做到100分，但是如果你把他放在他不擅长的领域，他可能只能做到50分，这对员工的成长来说，是不负责任的。比如，一个做人力资源工作的员工，他可能很擅长、也很喜欢人力资源工作，也有意愿去学习、去成长，但如果我们让他写程序，会不会就有赶鸭子上架的感觉呢？可能他会痛苦万分，团队用他也很痛苦、很麻烦。双输。

我们每个人都可能螺旋式地成长，在实际管理中，我们对每个人可能都是拔高在用，让他有跳起来努力和成长的欲望。但有时候我们真的不能强行拔高，比如，某员工在当下的层级是一个优秀的胜任者，到了上一个层级或者另外一个领域，他可能很难胜任，他有他难以突破的天花板，而且他可能也没有那种突破的愿望。管理干部要有这种判断能力，对员工的岗位做出适当的安排。

所以我们在招人的时候，有一个很重要的招聘原则，那就是人岗的高度匹配。我们不是说要招市场上最好的人、最贵的人，而是要招最匹配部门战略、部门业务发展阶段所需要的人才。

在职业发展通道设计方面，拓邦公司是双通道管理。不是说管理干部的待遇和薪资就一定比专业岗的要好，我们公司有大把专业通道人才比其团队管理人员待遇和薪资高的情况。

## 价值共创，价值共享

从公司创立之初起，有两句话就广为人知，并一直传承。一句是：放眼天地间，携手共飞越。讲的是志向高远、团队和共同发展，讲的是雁行精神。还有一句是：价值共创，价值共享。讲的是大家在一起共同创造价值，共同分享价值。

很多人说，企业不为股东创造价值是要流氓，而我们更倾向于，如果一个企业不能为员工创造价值，这才是要流氓。说这句话，不是说否定股东的价值，而是在我们看来，员工才是第一位的。如果一个企业不重视员工，员工不满意，没有激情，又何来价值变现和输出？

## 人力资源是投资行为

有一段时间，从人力资源管理的数据来看，电气事业部的平均工资一直领先于公司的平均工资水平，甚至有些岗位领先于行业水平。电气事业部总经理彭干泉说：“我特别喜欢给员工加工资。”他觉得一个人要“仓廪实而知礼节”，对于一个真正的人才，我们要让他心无旁骛地全身心投入到他的工作中，所以一定要解决他最基本的温饱需求和价值感需求问题。彭干泉说：“要么你不用他，如果你觉得你没有看错他的话，你觉得这个人还是一个有价值的人才的话，你就要尽量给他减负，让他把精力、心思尽可能大地用在工作上去创造更大的价值。”

这也是公司一直以来的理念。我们认为，人力资源是一种投资行为。对一个企业的经营，你可能会投资设备、投资营销、投资政府关系，但核心的是对人力资源的投资。

我们以前讲喜欢投资设备，因为设备不会跑，买回来后它始终在你这里，但投资人很多时候是不可控的，人会跑，我把他培养成高级人才了，他就跑掉了，结果得不偿失，我们的这项投资可能就算失败了。因为对人的投资除了我们能看得到的薪资、奖金，各种福利待遇外，还有岗位上的历练，配置团队让他去指挥打仗，给很多机会让他去尝试，其实都是一种投资行为。没有哪个将军是从军事院校出来就直接成为将军的，而都是用子弹“喂”出来的。没有打过败仗的人成不了将军，拓邦公司有非常多的人都打过败仗，他们也都是在战斗中历练出来的。

我们认为，从大的方面来说，这个人跑了，那他（她）是去到了社会，我们给社会培养了人才，他（她）在别的地方释放了自己的能量，实现了自己的价值，这不能算是浪费；从小的方面来讲，这个人跑了，可能是你的管理出现了问题，可能是你的人才发展战略与公司的发展战略没有协调好，或者是你的人才和战略的匹配与协调工作没有做好。这时，我们要更好地反思我们的管理，反思我们的人才发展机制和评价机制，反思我们的人才战略和公司战略，但不能说我们投资人投资错了。

电气事业部总经理彭干泉说：“电气事业部这么多年来在人才

投入方面比别的事业部或者别的公司要大，是不是效益就变弱了呢？其实不是的。从这些年事业部的发展来看，我们对于员工投资的回报率是很高的，所以投资设备和投资人两者之间，我更喜欢投资人，对人才的投资更具价值。”

**只有把蛋糕做出来，才有一起吃蛋糕的可能性**

电气事业部厨卫产品中心销售总监程祖昌说：“我对共同发展的理解很直接，那就是让大家都富起来，让大家都有蛋糕吃。”他接着说：“但有蛋糕吃的前提是，大家得一起把蛋糕做出来了，我们才有得吃，没有蛋糕的话，我们只能吃空气！”

程祖昌说得没错，在拓邦公司的发展历史中，我们有一些事业部在发展最艰难的时候，就是大家勒紧裤腰带吃空气。

比如微电事业部有一个阶段走得很艰难，到年底了没钱给员工发奖金，事业部总经理马伟就跟公司借钱给大家发奖金。别的事业部年终奖可能有一两万元，微电事业部当时可能每人也就两三千元，有的人还没有。锂电事业部在最艰难的时候，连续三年部门员工都没有加过工资。

这些都是我们艰苦拼搏的故事，但也确实是一起做蛋糕一起吃蛋糕的故事。

公司一直坚持的一个激励政策就是股权激励，包括期权和限制性股票，我们已经实施好几期了。

拓邦公司作为一家上市公司，有2万多个外部股东，但我们认为拓邦公司有很多为公司作出贡献的人也应该成为拓邦公司的股东，一起分享公司的成长红利。

公司董事长武永强说："我们一共有2000职员，2017年实施新一期的股权激励计划，纳入激励计划的有600多人，我希望这个群体的人员未来越来越多，将来我个人的股份越来越稀释，大家的股份越来越多，这是我乐见的。"

我们看到很多上市公司也实施股权激励计划，他们大多数拿出的是总股权的1个点或者2个点，但拓邦公司能拿出4～5个点，这在上市公司里面是非常少有的，我们非常愿意跟员工共同分享我们一起创造出来的价值。

但我们也很清楚，我们每次的股权激励计划的实施条件，是必须要达到相应的营收和利润，实现公司的发展承诺。其实就是我们必须要把蛋糕做出来，或者将蛋糕做得更大，才能让更多的拓邦公司员工一起吃到蛋糕。

**与我们所有的合作伙伴共创价值，共享价值**

我们前面说了和我们的员工共创价值，共享价值，还说了成为客户的战略伙伴，相互成就。此外，非常重要的一点是，我们要跟我们的供应商共同成长，共享价值，当然还需要跟包括股东、政府、社会团体等等在内的所有合作伙伴和利益相关方共享价值。

拓邦公司的发展成就了很多客户，同时，也成就了很多供应商。众多的供应商也成就了拓邦公司。我们的产品需要太多的器件，如果供应商不支持，我们不可能成功，很多器件供应商在拓邦公司的发展过程中起到了非常重要的作用。

拓邦公司实行事业部制之后，供应商管理也随之一起分给各个事业部各自管理，各个事业部出于自己的考虑，成本的、交期的，或者其他一些因素的考虑，有各自的供应商管理体系。随着公司的发展，供应商资源逐渐分散，慢慢地我们发现有些供应商跟拓邦公司更长远的发展契合得不是很好，如果继续合作下去，可能会出现比较大的问题。

所以从 2018 年起，公司开始组建战略采购委员会和集团供应链中心，实施战略采购，整合供应商资源，跟供应商进行战略合作，建立更长远的战略合作关系，而不再是今天你便宜我就买你的，你交期好我就买你的，我跟那个人关系好就买那个人的这种不稳定的合作关系。

我们跟供应商以及其他更多的合作伙伴的关系除了业务上的战略合作关系外，更重要的是我们跟所有合作伙伴的关系都是平等的。

拓邦公司曾经有一个事业部总经理，业务发展起来后，内心就开始膨胀了，供应商来公司开会的时候，他居高临下地骂供应商。用武总当时的话说，“我坐在那里看他骂供应商，我如坐针毡，我都觉得不好意思。”后来这位总经理在拓邦公司没有长期干下去，他的这种观念和行为，在拓邦公司也没法干下去。

客户也好，供应商也好，都是我们的合作伙伴，我们不需要低眉顺眼，但也不应该颐指气使，我们在共同的价值链上输出各自的价值，为这个社会贡献属于自己的那部分能量。我们不是谁施舍谁，也不是谁赢了谁，谁输给了谁，而是在平等的基础上一起创造更大的价值， ·起分享价值。

## 社会责任是拓邦公司永远的情怀

公司董事长武永强说：“我最大的理想就是聚集一帮人干一番事业，创立一个可以永续经营的企业，这个企业首先是能够肩负起社会责任，是社会的一部分，能够为社会作出贡献，能够为社会创造价值，能够实实在在为社会解决一些问题。”

深圳的夏天常有台风天，公司还在南山清华研究院的时候，有一天晚上刮台风下暴雨，公司一位很文静的文员加班到很晚才下班，撑着伞站在车站等巴士，等了好久都没有等到，风大雨大，撑的伞几乎没什么用。这个画面触动了当时的一位公司高管，她在心里暗暗地想，为什么她不能在这种暴雨天气多一些出行的选择，打个车，或者自己开车呢？拓邦公司的发展一定要让越来越多的人的生活多一些选择的自由！

拓邦公司发展到现在，已经有六七千员工，承载着几千个家庭的一些梦想，很多员工要养家、要结婚、要买房买车、要孝敬父母、要养儿育女、要实现个人职业梦想，可以说很多员工已经将自己的命运跟公司的命运联系在一起。除了加薪发奖金给予激励外，拓邦公司还给员工提供无息贷款买房买车，帮助员工完成他们人生中的一些大事。

这是公司对内部员工的责任。除了收入的增长，更重要的是公司的发展给员工带来的成长，如知识技能的获得、个人能力的提升、见识的增长等等。

早在2008年，在谈到公司的培训发展工作时，公司董事长武永强就说过："企业培养人才不单单是给自己培养人才，还要给社会输送人才，拓邦的企业大学不应该仅仅是拓邦的大学，还应该是一个社会性的大学，这是作为一个企业应尽的责任。"

拓邦公司20多年走过来，给我们这个行业培养了大量的人才，甚至有些竞争对手都说，只要是拓邦公司出来的人，到他们公司来上班，工资一律上涨50%以上，这或许可以解读为对拓邦公司人才培养和人才输送的认可吧。

对社会的责任还体现在我们对整个行业发展的贡献，对行业技术进步的贡献上。比如说洗衣机。洗衣机生产出来之前，我们都是用手洗衣服的，洗衣机生产出来之后，其功能仍在不断改进，单缸、双缸、半自动、全自动，还有后面发展出来的波轮的，再到滚筒的，直到现在流行的洗干一体等等。每一次功能升级后，使用更方便了，这都是控制技术的改进和升级带来的，而我们就在这个行业里面。我们为整个行业贡献了技术，使得大家的生活质量得到了提升，使得大家的生活更便捷、更幸福了。

现在全球变暖是人类面临的共同危机。拓邦公司不管是在工业园建设方面，还是在产品设计方面，都把节能放在非常重要的位置来思考。

在建工业园的时候，不管是在深圳，还是在惠州、宁波，我们都选择太阳能储能，做蓄水空调，这些都是几百万元的投入，虽然可以申请政府补贴，但我们都没去申请，因为我们觉得这是我们应该做的。我们在惠州工业园建了一个很大的蓄水池，回收雨水，处理后用做消防用水、日常非饮用水等等，虽然当时内部也有争议，因为要挖地很深，要多花很多钱，但最后还是做了。有些事情哪怕是多花钱，只要值得做，我们就会去做。

在产品设计方面，我们也一直没有停止过节能的设计优化。我们的产品应用在千千万万的设备上，有些设备是 24 小时带电开机状态，如果一个产品一天省几瓦电、十几瓦电，我们有上亿个这种产品，长期积累下来，也是一个不得了的数字。

这不是说就我们一家公司这样做，其他公司也在做，这本身就是一件很有意义的事情，所以我们坚定地去做了。对社会的责任，是我们这群人内心深处的情怀，也是拓邦公司的情怀。

第三篇

# 文化即业务

“始吾于人也，听其言而信其行。今吾于人也，听其言而观其行。”

——《论语·公冶长》

我们很多人可能会觉得，文化很虚，像在天空中飘着一样，感觉很飘渺。但其实，文化是实实在在地存在着的。我们觉得抓不住它，那是因为我们没有把文化融入到行为当中去，它还只是我们的一些口号。

文化可以熏陶人，会使人形成一种特殊的气质。

比如，我们提倡尊重、平等，提倡成就客户，坚持技术具有价值，这些都让拓邦公司的员工具有拓邦公司特有的一种气质。很多客户给我们反映说，拓邦公司的销售人员和研发工程师，虽然第一印象给人感觉平淡无奇，没有什么特别之处，但接触下来，慢慢就会发现他们特别务实，从他们的言行举止和态度中，就能深刻地感受到，他们是来帮我们一起解决问题的，而且说到做到，非常值得信任。

像我们讲成就客户要“敏捷”。有客户反映说：“你们是真的从我们的需求出发，努力在做到给我们出方案快、交付快、解决问题快、服务快。”所以说，文化做好了，行动上做到了，员工、客户、合作伙伴认可了，业务不好都很难。

这些都体现在我们的实际行动中，而不仅仅是嘴巴上说说而已。文化的价值，就在于能接地气，在于“听其言而观其行”。

我们认为，文化本质上就是业务。

## 文化的“一体两翼”，让文化建设落地启航

“君子欲化民为俗，其必由学乎。”

——《礼记·学记》

在拓邦公司的文化建设中，我们坚持文化的“一体两翼”，一体是坚持“拓邦核心价值观”；两翼是坚持“核心用人理念”，坚持“管理的价值，干部是关键”。

一个企业就像一个人，它需要成长，需要健康成长。公司董事长武永强非常强调“健康”二字，他说：“公司经营要健康，我们不做暴发户式的增长；公司里面的每个人也要健康，不单单是身体要健康，还要心理健康、精神健康，只有身心都健康才算是一个健康的人。”

企业也是这样，业绩、利润、成本、交期、质量都做得很好，财报好看，这些属于公司“身体”方面的健康；而公司的精神追求，包括公司的使命、愿景、核心价值观等等，这些都是向善的、趋好的，就是“心理、精神”方面的健康。

在我们看来，文化的传承不是技能和能力的培训教育，培训教育的目的是知识技能的学习和应用，有些技能和能力培训可能某些员工必须参加，还要通过考试，但文化强调的是人性的洞见，需要熏陶，强调的是启发和认同。

我们认为，文化没有所谓的对错，对于文化，只有认同与不认同之分，而没有强制之说。所以首先我们招聘的是有拓邦公司核心文化特点的人，因为这些人会认同拓邦公司的核心价值观和理念。其次，文化的传承需要氛围的建设，让大家在拓邦公司的所见所听所感，都有拓邦公司的文化气息，“入芝兰之室，久而不闻其香”，润物细无声地感染每一个拓邦公司员工。

在拓邦公司，我们可以看到，文化不是一个一个精彩活动的叠加，不是一场一场的文化秀，而是让我们提倡的每一种价值观和理念成为我们工作和行动的习惯。

要真心地让文化落地，就得让文化接地气，这种地气，就是从小事做起，从关心员工的具体事情做起，从客户的需求做起，从我们所有的合作伙伴的感受做起，从人际关系的一点一滴做起，从一件一件的小事做起。

对于文化，我们没有下发过一道命令或者一份文件，践行公司的核心价值观和提倡的一些理念，都是从公司董事长武永强做起，从公司的高管做起，从每一个团队做起，让每一个拓邦公司的人都成为公司文化的传播者、实践者，成为推进公司文化进化的力量。

记得有一位事业部总经理曾给我们讲过一个故事，说他们招的一个总监，到公司的前两三个月，隔几天就给他送点小礼品、特产。这次说去出差了，带了一点当地特产，下次说回了一趟老家，带了一些家乡特产等等，不一而足。刚开始的时候，他还能接受，慢慢地，次数多了，他就开始有些不适应了，也有些担心这位总监不能将全部心思都用在工作上，而是花费在这些小事情上。于是他就提醒这位总监说："非常感谢你给我带的礼物和特产，以后不用带了，我请你来是希望你能把你管理的那个模块的那一摊子事情张罗好，如果你能把这些事做好了，就是对我最大的尊重和送给我最好的礼物。"

这位总经理似乎实在得有点不近人情，但这就是拓邦公司以"事"为牵引的工作思维，是目标和结果导向的一种工作状态的体现。我们非常理解这位总监的用心，他想通过送些小礼物来维系一种良好的上下级关系，因为他在上一家公司的时候，上下级之间相处的模式就是这样的。但拓邦公司的文化不需要这样，我们说偶尔送些小礼物可以怡情，但演变成一种习惯后，就令人伤神了。拓邦公司的文化不会因为你不给领导送礼物，领导就跟你关系疏远，拓邦公司更需要的是大家可以一起做好一份事业的意愿和努力，拓邦公司的文化更倾向于尊重你的职业价值，更倾向于你能随着公司一起成长，一起把这份事业做起来、做好。

这就是拓邦公司文化落地的一个缩影。

我们很多理念的传承和维护，不仅来自于公司高管，更来自于拓邦公司的每一位员工，甚至包括我们的客户和我们所有的合作伙伴。

就像我们前文提到的关于停车位的故事，就是一名普通职员提出来的维护公司价值观的故事。还有本书中提到的太多太多的案例，都是我们每一位员工在工作中实实在在地践行着我们的价值观的体现。

拓邦公司文化委员会是公司内部的一个非正式组织，成员都是来自各个部门的普通职员，他们参与公司的文化管理决策，积极地为公司的文化建设建言献策。

拓邦公司里面的每一个人，看到有些事情、有些行为跟公司的文化相冲突的时候，都可以站出来，维护我们共同的文化，让文化传承下去，成为大家行为的规范。大家按规范做事，理念是一样的，理想是一样的，方向是一样的，做起事情来就会轻松很多。

# 核心用人理念

在公司核心价值观里面，其实已经囊括了拓邦公司很多的用人理念，比如我们重用“成年人”，提供平台，激发内驱力；放权，让下面的人成长起来；挖掘优势，用人所长等等。这些都是拓邦公司大力提倡的重要的用人理念。

除了这些，公司还有一些很重要的用人理念。

## 重能力轻工龄

在人力资源市场上有这么一句话——人就是商品。这句话讲的是什么呢？我们找工作，去一家公司面试，双方都满意之后，少不了的事情就是“谈薪”，也就是公司要从人力资源市场上把你请回来为公司服务，该花多少钱。我们都知道，商品的价格由其价值决定，受供求关系的影响，其核心是价值。所以从这个角度来讲，谈薪的本质是公司该为你的价值付多少钱的问题。

一个人的薪资，不是由上级决定的，而是由市场决定的。所以我们每一个人都应该思考的一个问题就是，我们在公司，或者从大的方面来说，我们在人力资源市场上的核心价值是什么。

我们经常会听到不少人说“没有功劳也有苦劳”。但功劳赢得的是尊重，苦劳赢得的只能是同情。从企业经营的角度来说，市场竞争不会同情苦劳，市场和客户只会认同功劳。所以我们在用人、晋升、激励等方面，看重的是你的能力，看重的是你的潜力，看重的是你解决了什么问题，你今年能力提升、进步了多少，你创造了什么价值，或者说看重的是你可期的成长速度，在未来能给公司带来什么样的价值。这看似是对工龄长者的不公平，但却是客户市场和人力资源市场的真正公平。

企业是一个经营单位，只有有了好的业绩，才能不断地向前发展。如果没有好的业绩，企业这个组织可能都不存在了，何来组织里面人的发展和成长！所以在这个组织里面，业绩是靠哪些人做出来的，就应该给哪些人更好的回报。

从公司和管理的角度来说，我们永远都会思考的问题就是，我们是否真正了解我们员工的价值，对其优势和价值是否公正、客观地看待；他给公司带来了多大的收益；他的管理经验有多大的价值；或者是他的团队里面有一个优秀的员工，即使竞争对手开出非常诱人的薪酬，但这个员工依然选择留下来，是因为这个优秀员工的背后有一个优秀的团队领导者，诸如此类。我们经常跟拓邦公司的管理者讲，不要等到人要走了，你才想起来给他加工资，那时候可能人家已经去意已决，再挽留已经没有意义。就像电气事业部总经理彭干泉讲的一个观点：不要让真正的人才为自己的报酬浪费宝贵的时间，该给的一定要给到位。

但也有另外一种情况：我给你一件事情做，比如说让你去招人，你在外面守了一天，太阳又猛烈，很辛苦，但结果一天过去了，你一个人都没招到，没有完成任务。你说你好疲惫啊，好辛苦啊，汗流浃背啊，皮肤晒伤了啊。这些没有用，因为你没有产生价值，市场是不认你的辛苦的。你唯一能做的就是，再努力想想办法，看怎么样才能把任务好好地完成。

人力资源中心总监戴惠娟曾讲过一个小故事，之前她团队里面有个员工整天抱怨工资低，消极做事，于是她就跟那位员工说：“我给你两个月的时间出去面试，如果面试到更高工资水平的工作了，我马上签单同意你过去，如果没面试上，你就给我好好地上班，好好地学习和进步，不要有那么多抱怨。”

对于工龄长的老员工，我们的建议是，不要过多地打感情牌，不要觉得自己是老员工就应该得到更多的照顾，而是应该思考怎样增值自己的经验价值，增值自己的专家价值、管理价值；要有跟不上新时代的危机感，不断学习新知识，不断提高自己，纵向或横向拓展自己的职业能力，让自己更有竞争力，职业生涯更长久。

在拓邦公司，相马很重要，赛马同样重要。我们讲重能力轻工龄，其实就是为员工的贡献和价值付薪。

## 大胆起用年轻人

前文我们提到，公司每年都会坚持校招，每年春秋两季都会去全国各地的高校招聘，引进大量应届毕业生进行培养。不管公司经营状况如何，我们每年都坚持这么做，这是公司人力资源战略中的关键举措，是构建人才梯队的一种重要方式。

在拓邦公司的人力资源政策里面，对于有能力、有经验、有专业的老员工，我们给予相应的回报和认可。但另一方面，我们鼓励大胆起用年轻人，我们认为，天下始终是年轻人的，或者说得更直接一些，年轻人就是来替代年老者的，年老者不需要去抵制年轻人，因为历史已经证明根本抵制不了。

我们常常说比较理想的状态是，70 后管理 80 后，80 后管理 90 后，90 后管理 95 后、00 后，但这也不是绝对的，我们有很多的 90 后管理着 80 后、70 后，这是很正常的事情。我们讲要大胆起用年轻人，一个非常重要的观念就是，一定要接纳年轻人。

年轻人可能有他的缺点，比如说没有经验，处理事情没那么老到，会有试错的风险等等。但年轻人有着不可阻挡的优势，比如说因为年轻，可能就会比一些老员工更有激情、更有活力和朝气；也可能因为没有经验的羁绊，反而会更有创造力，更能打破一些常规，可塑性强；或者说，有些老员工需要照顾家庭，会被家庭分去一些精力，而年轻人具有将全身心投入到职业中的优势。

公司在招聘战略与市场中心总监的时候，发生过一件有趣的事情。当时有两个候选人，其中一个年纪偏大，在市场和战略方面都比较有经验，而且还有乙方咨询公司的工作背景，见识也比较宽广；另一个就是刘天喜，80 后，当时面试的时候感觉他还稍显稚嫩，但他思维比较活跃，年轻有活力，潜力大，更具可塑性。对于这两个候选人，我们开始的时候是有些争议的，但后来还是选择了刘天喜。从实际的用人效果来看，刘天喜的学习能力很强，思维很活跃，讲究工具与方法论的引进和应用，跟业务部门的互动也很不错，自担任公司战略与市场中心总监以来，给公司战略和市场工作带来了很多新的变化。

从企业永续经营的角度来说，使用年轻人是必然的，这是自然规律。

所以我们讲，大胆起用年轻人，需要我们反思我们需要从年轻人身上去感受和学习什么。一个人在职场上为什么会被淘汰？很重要的一个因素源于他的固执和偏见。

如果大家都有一种开放和包容的心态，愿意接受年轻人的想法，和他们一起共同为拓邦公司的发展贡献力量，那么即使生理年龄老了，心理年龄还是年轻的。

我们要以一种开放和包容的心态去接纳年轻人，帮助他们不断成长，才能看到整个公司未来发展的希望。

人力资源中心总监戴惠娟说过一句话：“作为公司的管理层，如果十几年或者几十年来，你环顾你身边的人，发现一直就只有那么几个人，没有出现过新鲜的血液，其实不是一件好事情，人员需要更替，就像新陈代谢一样，这是我们不可回避的自然规律。”

当然，大胆起用年轻人，并不是说我们就不用老员工了，绝对不是这样。我们很多岗位，尤其是某些领域的软硬件专家岗位，其实也讲究一万小时理论，某些经验和专长需要时间的积累。我们很多的管理委员会，比如采购委员会、技术委员会、战略委员会等等，都不可缺少老员工参与决策，发挥影响力。拓邦公司的发展绝对离不开老员工的贡献。

大胆起用年轻人，不是扬此抑彼，不是二元对立；大胆起用年轻人，讲的是人才结构和人才梯队管理，讲的是在用人的时候不要论资排辈，讲的是“不拘一格降人才”，讲的是接纳和包容新的事物和新的人员，讲的是健康、持续地发展。

大胆起用年轻人，讲的是公司的未来！

## 拒绝裙带关系，拒绝小圈子、小团体

公司董事长武永强在很多场合都讲过：“我非常不喜欢搞拉帮结派，搞小团体，搞小圈子或者闺蜜文化，把小团体的利益凌驾于公司利益之上。我非常反对这个。我不希望拓邦的管理者有官僚主义，我喜欢管理者靠自己的人格魅力、领导魅力让别人团结在你的周围。”

在拓邦公司，我们讲究坦诚的、简单的、透明的人际关系。拓邦公司作为一个民营企业，是一个没有任何家族色彩的公司，从创立之起，公司几个创始人就约定：任何人的亲属都不能在公司担任要职。

在深圳这个大都市，竞争激烈，工作投入度大，我们本来就已经很累了，所以沟通要简单化、关系要简单化、信息要透明化。我们不但对内要坦诚，对外同样要坦诚，对我们的客户、对我们的供应商、对我们所有的合作伙伴，都应该坦诚相待。我们的员工是坦诚的人，我们的公司是坦诚的公司。

我们非常反对办公室政治，我们经常讲，如果一个人具有很强的办公室斗争经验或能力，在拓邦公司会英雄无用武之地。在拓邦公司，我们提倡的是问题思维，在工作中问题肯定是层出不穷的，面对问题我们应该坦然接纳，然后想办法解决。我们可以吵、可以争、可以面红耳赤，但目的一定是想办法解决问题，以解决问题为导向，以事为牵引，以目标达成为第一原则。

我们提倡“快乐”文化，快乐工作，快乐生活。拓邦公司有一个非常重要的用人原则，那就是：亲属不能构成直接的上下级关系。

曾经有一个事业部总经理的远房侄子在其部门做工程师，被部门的总监提了几次做管理岗位，但都被人力资源中心驳回去了，原因很简单，就是他是该部门总经理的亲属，哪怕是远房的，也不行。如果希望他在管理岗上得到历练，那就去别的事业部，不能在该事业部任职管理岗，如果留在本部门，就只能走专业路线。

公司人力资源中心每隔一段时间就会进行内部人际关系的摸底和调查，发现有亲属关系构成上下级的，会给予调离。公司非常欢迎所有的员工参与监督。

这是公司的重要原则。

公司不提倡圈子文化、小团体文化或者闺蜜文化。往小的说，圈子文化往往会产生偏听则暗的不良影响，尤其是作为管理干部，最不应该搞小圈子，搞山头主义，好像自己就是这个山头的大王，官大一级压死人，所有的人都必须唯你是从，这是不允许的。之前公司有一位高管，其本性并没有什么大的问题，执行力也很强，但跟公司文化冲突很大的一点就是搞小圈子。属于其圈子的人，做什么都是对的，不在其圈子里面的人，做什么都不对，这对部门的管理非常不利，也给整个部门的风气带来了很不好的影响，形成了跟公司文化格格不入的部门亚文化，后来公司还是决定换掉他。

往大的方面说，圈子文化往往会将圈子利益凌驾于公司利益之上。拓邦公司最不允许的，是利用手中的权力为个人或某一小部分人谋取私利。拓邦公司属于我们全体员工，属于股东，属于所有为拓邦公司奋斗的人，而绝不仅仅属于某一个人，或者某一小部分人。任何损害拓邦公司整体利益的人和行为，都是我们不能接受的。

这也是拓邦公司的一个底线，更是管理干部的红线。

# 管理是否有价值，干部是关键

“其身正，不令而行；其身不正，虽令不行。”

——《论语·子路》

我们在公司，不论什么岗位，总要承担着这样那样的工作，管理着这样那样的资源。而作为管理干部，带领着一个团队，往往管理着更多的资源。一个公司的文化，往往具有公司创始团队的文化基因，一个部门或团队的文化，也往往跟这个部门或团队的负责人有很大的关系。

所以在公司里面，管理干部对公司文化的认同和传承作用是很重要的。就像前文提到的，如果一个部门领导的管理文化跟公司的文化冲突，那么整个部门的文化、氛围和做事风格都会受到影响，甚至会把整个部门的文化带离公司的文化。

在拓邦公司的文化建设方面，我们认为，干部是关键。

## 只有认同，才有可能践行和传承

管理文化的本质是效率，其最终目的都是如何高效地实现战略目标。基于这样的认知，我们认为，公司的文化一定是为经营目标服务的，是为了更好地让公司成长，更好地满足甚至引领客户需求。如果一个公司的管理文化无法助力公司战略目标的实现，那就必须尽快调整，确保组织健康成长，创造客户价值。

在一个企业里面能让一群人长久地走下去，为公司的战略目标而奋斗的，就是企业文化。只有大家都认同一种理念和文化，才能拧成一股绳，才能走得更远。只要大家的理念一致，不管遇到什么困难，碰到什么风浪，都能挺过去。办企业，不同阶段会面临不同的选择，长期利益和短期利益经常会有冲突。拓邦公司的合伙人中，在公司赚了钱后，有人建议干脆大家全部分了，还有些合伙人在拓邦公司几进几出。但公司的核心高管团队看得比较远，不会因为一时的起伏而影响长远的决策。

公司董事长武永强曾说："让我最高兴的不是某个客户的订单增加了，而是我们的技术被市场认可，为客户提供了实实在在的价值。是在实现梦想过程中，在那些低谷的时候，始终有一群有着共同的理想、信念、理念和追求的人在身边，一起努力奋斗和拼搏，也正是因为有了他们，才让我更有信心地往下走。"

武总谈到公司早期提拔干部时很有感触，他说拓邦公司提拔干部，更看重的是干部身上的特质，看他做事的理念、风格是不是跟公司的文化一致，如果一致，就会给予提拔，如果不一致，就算他能力再好、资历再深也不会提拔。

他曾讲过两个干部提拔的故事。

一个是早期提拔公司品质部长的故事。约摸在 1998 年或 1999 年的时候，我们在做电热水器控制板的项目，由于未能完全掌握技术，使得批量的货发出去后又被批量地退回来，明明这批货在我们这里老化通过没有问题，但一到客户那里装机就有一定比例的误报警（漏电），反复几次折腾后，我们面临客户催货、高额罚款、客户信任下降以及公司亏损等等棘手问题。武总当时忧心如焚，有一天晚上 11 点钟左右，他想去看看老化的情况，就来到通讯大厦（注：公司当时的所在地），看到黄远林一个人在老化室里反复地做实验，武总就跟他聊了起来，发现他对问题研究得很深入，就和他一起做实验，不知不觉已过了凌晨两点，两个人才各自回家歇息。

当时黄工主动工作、肯钻研、高要求的特点给武总留下了深刻的印象，后来在决定品质部长人选时，武总第一时间就想到了他。

另一个故事是 2002 年的时候，公司决定撤销开发部和销售部，成立大家电、小家电和微电三个项目组，每个项目组设一个市场经理和一个开发经理。微电项目组的开发经理有几个人选，有的还是资深的工程师，马伟是其中年龄最小的一个。开发经理属于管理岗位，需要一个具备带领团队素质的人，马伟一向给人的感觉是做事踏实、思路清晰、目标导向、对事对人客观公正，并且能与人融洽相处，不斤斤计较。因此，当时公司就把机会给了马伟。

我们提拔干部往往要求专业素质过硬，这点我们不容易忽视，但我们容易忽视的是对公司价值观和文化的认同度。我们经常讲，用人要“又红又专”，“专”是专业能力、专业素质很优秀，“红”是指理念、价值观跟公司的相吻合。在公司招聘的时候，在人力资源中心的招聘同事对准备招聘的干部进行把关的时候，很重要的一点就是看其是否具有拓邦公司的文化气质。

拓邦公司跟其他公司的区别，本质上就是文化的区别。

不论是在哪里的拓邦公司，不管是在深圳、惠州、宁波，还是在重庆、印度、越南，或者未来的哪里，只有文化一致，才是拓邦，才是一家人。我们的文化应该是一样的。如果不一样，到最后这个组织就不是拓邦公司的了，它一定会跟拓邦公司分离。包括我们公司的各个事业部、平台部门，核心理念必须是和拓邦公司一样的。当然由于具体业务不一样，或者地域不同，可能有一些细节上的差异，但根本的东西一定是一样的。

我们引进来的人才和派出去的干部，包括准备晋升的人员，都必须认同公司的文化，有文化这方面的评估，如果发现某个人的很多价值观跟公司的文化相冲突的话，这样的人是不能提拔的，他或者可以做专业岗位，但是不能做管理岗位。

干部岗位是公司的关键岗位之一，在文化的传承上发挥着不可替代的作用。一个干部对公司文化如果没能在理智上认知，在情感上认同，那么他就不可能实实在在地践行，并传承。所以我们对拓邦公司干部的第一要求就是：一定要认同拓邦公司的文化。

**管理干部要有公心**

管理是对一个团队的管理，管理的核心价值在于发挥团队集体的力量，使集体业绩越来越好，效率越来越高。我们看一个管理干部的价值主要是看他能不能激发出团队集体的力量，使团队效率最高，价值最大，集体的力量能够充分发挥。如果能做到这些，就是我们认为的好的管理，也是好的管理的价值所在。

我们认为，管理的价值不完全是产出，更应该是成长，是整个团队的成长。一说产出，就会说到绩效和产值，这个当然是一个很重要的方面，但更重要的是团体整体能力、竞争力、价值的提升。

如何激发出团队的力量，每个管理干部的方法不一样，每个团队管理的风格不一样，这是管理手段的问题，属于具体的方式方法问题。

但不管方式方法如何，作为管理干部，一定要有公心。

在拓邦公司做管理干部，必须要有大公无私的精神，要先人后己，这是公司对管理干部最基本的要求。就是要求你首先想到的必须是你的团队，然后才是你自己。有些管理干部到最后不被大家认可，很重要的一个原因就是太自私了。当一个人太过自私的时候，他就不可能聚集一帮人在一起干一番事业。不论做什么都先想到自己的人，最好不要在拓邦公司做管理干部。我们要求我们的管理干部心中必须装着自己的团队，而不是自己一个人。当你心中装着团队时，你就是团队的优秀干部；当你心中装着公司时，你就是公司的高级人才。

第四篇

# 展望：自组织、自成长，文化也是进化的

“民之难治，以其上之有为，是以难治。无为而无不为。”

——老子《道德经》

我们认为公司应该是一个生态系统，应该具有生命力，而不应该是一个固定的、没有生命的组织，不应该是一个机器。它应该尊重这个生态系统里面的每一种物种，尊重每一种物种独特的价值，尊重每一种物种自己的发展规律。我们在探索比如非正式组织、各类委员会、协会等等管理形式，体现的是公司对管理文化的一些探索。

管理不应该总是自上而下，不是说所有东西都要通过垂直化的由上向下的方式传达、运转。我们的管理能不能突破这种模式，能不能自下而上呢？我们认为，自下而上的管理才叫成功的管理。给员工合适的土壤，并为他们提供平台和机会，让他们自发地成长，这种自下而上的方式是一种生命力。在拓邦公司，只要是能够让公司发展，让人才成长，能够体现个人及集体价值的，我们都提倡、支持。

“有充分的自由，才会有充分的创造”。我们希望公司所有的人，能够沿着公司的大方向，发挥自己的价值，帮助公司不断发展。比如你有一个创意和想法，大家觉得可以的话，公司可以给你资源，就像Google公司一样，遇到一个程序难题，创始人之一的拉里·佩奇就把这个问题写出来放到茶水间，有一个人他虽然不负责这块，但是他有自己的想法，于是找了几个同事组成小组，利用周末加班的时间一起把这个问题解决了。这就是一种自下而上的管理方法。我们的核心价值观里面有远大抱负，使命感、内驱力，实际上我们的管理需要每个人都有这样的价值观。

我们希望拓邦公司是一个自成长、自进化的健康的有生命的机体，会自发新陈代谢，自发成长，自发引进有利于这个机体健康发展的个体，也自发地淘汰不利于这个机体健康发展的个体，使这个机体越来越健康、越来越长久地持续发展下去。

# 拓邦公司的非正式组织

在拓邦公司，活跃着10多个大大小小的协会、委员会等非正式组织，有运动休闲类协会，如登山协会、篮球协会、足球协会、羽毛球协会、台球协会、乒乓球协会、桌游协会、常跑协会、健身协会、艺术协会、英语角等等；有员工自己的乐队——不可控硅乐队；有公益类协会，如义工协会、《雁行者》编辑部、员工体验官、EAP大使俱乐部等等；还有各类专业委员会和管理俱乐部，如技术委员会（墨子学院）、文化委员会、战略采购委员会、知识产权委员会、领雁俱乐部等等。

拓邦公司的非正式组织都是员工自愿自发组织的，不是公司的正式机构。员工出于共同的兴趣爱好、共同的追求、共同的情怀而聚集在一起。他们组织各类活动，为公司的文化建设贡献着自己的力量，能够很好地调和及丰富员工的工作和生活，为公司的发展献计献策，并能直接参与各自领域的一些决策，直接参与公司的管理。光是和志趣相投的人在一起做一些有趣、有意义的事情本身，就会让人非常快乐。在拓邦公司，这些非正式组织都很有影响力，在各自的领域都非常热心和投入。

像公司的企业文化歌，就是由公司和艺术协会共同创作、录制的，录制的时候大家忙到半夜一两点钟也不嫌累，只为得到更好的效果。像公司登山协会，可以说是拓邦公司影响力最大、活动组织数量、参与人数、人次最多的一个休闲协会，会长陈传远是一名普通的研发工程师，但在登山协会他则是一名不折不扣的优秀教练和领导。像文化委员会，积极参与公司的文化建设，对于公司文化机制的建设积极出谋划策，有权利要求改变公司内部任何不符合公司文化特点的现象等等。

拓邦公司非正式组织的最大特点就是自组织、自成长。公司提供平台，它们在这个平台上自由、自动、自发地成长。

# 从“管理文化”到“凝聚文化”

企业的管理文化是逐渐形成的，中间会波动起伏，而且会经历过很多的矛盾、磨合。拓邦公司的管理文化也一样，不是一开始就是今天这样的，而是在发展过程中经过不断碰撞、思考，不断进化后才形成的。

各种不同的文化之间会产生很多碰撞，碰撞的结果可能就是有的人离开了公司，有的人留了下来。在这个过程中，会有分歧，甚至吵架，留下来的人的内心也不断受到撞击、煎熬。到底我们是坚持还是放弃？就像走到一个岔路口，你该往哪边走一样。

所以假如我们把时间轴拉得更长一些，就会发现，在不同的发展阶段，公司的管理文化是不一样的。今天我们的管理文化也不是一成不变的，在碰撞和思考的过程中，原来的文化体系会加入一些新的元素。未来，我们还会遇到更多的问题，需要更多的思考、更多的碰撞，可能就会有更多的新的元素融入我们的管理文化，以及旧的元素的退出。我们的管理文化就是这样进化的。

在这本书中，谈得最多的是管理和管理文化。我们总是在说管理，说了好多，到最后，我们希望若干年后，我们说的不再是管理。

实际上，人的成长不是靠外在的管理来促使的，而是靠凝聚来达成的。所以可能那个时候的企业文化，我们不再叫管理文化，而叫凝聚文化。

因为公司的使命和愿景，因为“这些事”使大家凝聚在一起，大家都是自发的、自下而上的自我管理。什么叫管理？我们认为，没有管理才是最好的管理！我们希望未来公司所有的人都是高度自律的、自主的，能够在公司里找到自己的定位，能够把自己的价值充分发挥出来，能够工作、生活得更精彩。

我们认为，这种状态是最好的，应该让它像生态系统一样，自成长、自进化地发展下去。我们希望，拓邦公司也能像这样一个生机勃勃的生态系统一样，永续发展，基业长青。

# 附：企业文化歌

## 追梦拓邦人

**词：**陶泽政

**曲：**尹宗安

**制作人：**曾剑锋

**统筹人：**游达彪

**演　唱：**程　飞　彭　玲　罗子恒　夏　圆　罗胜涛
于世坤　尹俪莎　丁　拓　尹　璐　曾剑锋

**和　声：**曾剑锋　尹　璐

我没有天才般的智谋，
却有对技术梦的坚守。
故事平凡但这只是开头，
我从未停止新的追求。

不是每个人都生而伟大，
谁又没尝过失败的可怕?!
在选择坚持和放弃的路口，
我会不顾一切往前走。

望天际远航的鸿雁，
心存抱负志存高远，
洒下一路汗水和笑颜，
翱翔蓝天。

怀揣着梦想在同行，
背包里装着憧憬，
不求所有人满意，
只要对得起自己。

你就是最可爱的人儿，
世间的精灵就是我们。
崇尚尊重平等不论你我，
心中没有谁比谁高贵。

我们坚持开放和包容，
责任和使命永记心口。
凡事都要告诉自己我可以，
每个人都能够创造奇迹。

望天际远航的鸿雁，
心存抱负志存高远，
洒下一路汗水和笑颜，
翱翔蓝天。

怀揣着梦想在同行，
背包里装着憧憬，
不求所有人满意，
只要对得起自己。

为梦想，共同成长！
飞过千山和万水，
让激情绽放生命。

《追梦拓邦人》MV

望天际远航的鸿雁，
心存抱负志存高远，
洒下一路汗水和笑颜，
翱翔蓝天。

怀揣着梦想在同行，
背包里装着憧憬，
不求所有人满意，
只要对得起自己。

不留遗憾和悔恨，
相信我们！
追梦，
拓邦人！